ビジネス する

業務フローチャートの書き方

小田 実 著

は じ め に

　現在では多くの「業務フローチャート」解説書が発行されており、RPA（ロボティック・プロセス自動化）を意識したものや、BPMN（ビジネスプロセスモデリング表記法）等の国際規格となったものも登場しています。これだけ多くの解説書が普及し、2000年代初頭の上場企業のJ-SOX一斉対応や新興市場の株式上場ブームを機に多くの企業や自治体で「業務フローチャート」が整備されたにもかかわらず、業務設計の不備に基づく不祥事は後を絶ちません。近年においても、政令指定都市を含む自治体での大規模情報漏洩が相次ぎ、文書管理の不備に基づく案件が連日議会で取り上げられたりもしました。その被害規模も大きくなるばかりです。「業務フローチャート」が的確に作成・運用されていれば、決してこのような状態にはならない筈です。

　この原因は、「効率化」「自動化」の側面ばかりが意識され、「業務フローチャート」の本質である「業務手続を『網羅的』かつ『正確』に可視化する」が実践できていないためと思われます。「効率化」「自動化」はコンピュータシステムの恩恵を受けての実践となりますが、元は人間系で行われていた業務手続の全てをコンピュータシステムで記述し置き換えることは不可能です。これに留意せず、重要な手続きまでも「効率化」「自動化」を名目に排除してしまい、結果として不備に繋がったものと思われます。不備に基づく被害は金銭換算した場合、効率化・自動化で得た収益を大きく上回る膨大なものとなることもあり、場合によっては組織や事業の存続にまで影響を与えかねません。

　「効率化」「自動化」を含む様々な問題解決のために、関連当事者が誤解なく短期間で理解を共有するために行うのが「可視化」アプローチであり、業務手続を可視化する手法が「業務フローチャート」です。このニーズに応え、業務手続を「網羅的」かつ「正確」に記述できる「業務フローチャート」として、証券審査部門や監査法人、上場企業の経営管理部門から高い評価をいただいているのが「産能大式フローチャート」となります。

　J-SOX一斉対応や上場ラッシュから20年の時を経た2020年代と「令和」の時代に入り、再び「業務フローチャート」に多くの組織が取り組むこととなりま

した。その背景には、「グローバル・サプライチェーン再構築」「上場基準の見直しに基づく再上場準備」「相次ぐ不祥事に対応するため自治体内部統制の強化」等が挙げられます。さらに、2025年問題とも言われる「デジタルトランスフォーメーション（DX）」対応もあります。デジタル化は先端企業だけの問題ではなく、テレワークに代表される「New Normal（新しい生活様式)」への対応として、全ての組織が対応せざるを得ない問題ともなっています。

　全ての組織が様々な背景により一斉に「業務フローチャート」に取り組むタイミングにおいて、また「効率化」「自動化」に特化した進め方で不備のある業務設計を繰り返してはなりません。どれだけデジタル化が進み「効率化」「自動化」が進もうとも、業務手続の主役は最後まで人間です。手続きの開始時点、手続きの途中段階、受益者としての最終段階とあらゆる段階で人間が立ち会うことになります。「効率化」「自動化」ばかりに着目して人間が介在するという理由だけで排除の対象と考える向きもありますが、意味のある重要な手続きまで排除してしまうのは本末転倒であり、結果として業務設計の不備となり大きな損害を与えかねません。さらにコンピュータシステムにより自動化されたことにより、専門家が特殊な手段で対応しなければ業務の不備を見抜けないことにもなりかねません。だからこそ、「効率化」「自動化」の視点と、「網羅性」「正確性」の視点をバランスよく取り入れた手法である「産能大式フローチャート」について学んでいただき、「可視化」の本質を今一度再認識いただきたく思います。

　本書は「業務フローチャート」を初めて学ぶ学生や新社会人の方だけでなく、既にシステムフローチャートやビジネスプロセス記述のスキルに長けたIT関連の専門技術者の方、株式上場審査や内部統制監査に関わる方、業務改革やDX案件の意思決定に関わる方等の様々な立場の方を想定して構成しています。

　1章は、初めて「業務フローチャート」に触れる方を対象に、「業務プロセス」「可視化」等の基本について説明しました。また、内定者研修や新人業務として「業務フローチャート」作成を指示されることが多い理由についても、参考コラムとして記述しています。再上場準備やDX対応でこのような機会が増えることが想定されるので、若い方々が期待される意味も合わせて理解していただけ

れば幸いです。業務改革プロジェクトやDX案件で、IT企業の専門家の方がクライアント企業の協力を引き出す参考にもなるかと思われます。

　2章では、「なぜ今、業務フローチャートなのか？」の疑問に答えるべく、「環境」「政治・経済」「技術革新」等の観点から「業務フローチャート」が必要とされる理由について記しました。

　3章はそれを受ける形で、「業務フローチャート」の本質について記しています。本質を理解すれば「効率化」「自動化」の名目の下に省略してはいけないポイントも明らかとなり、そのポイントを押さえる方法論としての「産能大式フローチャート」の優位性が見えてくるかと思います。企業・自治体を問わず、ほぼ全ての組織が「業務フローチャート」に取り組まざるを得ない環境変化と、その対応として外してはいけないポイントを理解いただき、手戻りのない業務改革や体制整備を進める一助となれば幸いです。システムフローチャートのスキルに長け、経営コンサルティングへのステップアップを図る方、業務改革プロジェクトや内部統制監査に関与する方々に目を通していただきたい項目です。

　4章では「基礎編」として、「産能大式フローチャート」で用いられる記号や作図ルールについて解説を行いました。関連当事者が短期間で誤解なく業務手続について理解を共有することが、「業務フローチャート」による「可視化」の目的です。その観点では、時間をかけて記号やルールを覚えなければ活用できない専門的なものは不適となります。記号やルールは、その制定の背景や意味を知ることで覚えなくとも自然に頭に入ってくるものです。作業現場で初めて「業務フローチャート」に取り組むメンバーへの説明にも役立つので、今一度知識の整理を兼ねて目を通していただきたい項目です。また、汎用性の高い基礎的な業務を事例に、フローチャート作図ステップについて詳述しました。初めて「業務フローチャート」に取り組む方の自習教材として、また業務改革や株式上場プロジェクトの研修資料として活用いただければと思います。

　5章ではコンピュータシステムを伴う業務を中心に、業務フローチャートの作図事例について説明しました。コンピュータシステムを意識した業務記述はBPMN等の方が優れているかと思いますが、実業務は完全にコンピュータ化することは不可能であり、必ず人間系の業務が残ることになります。これは、ど

れだけAI（人工知能）が発達しようとも、生命・財産に関わる意思決定を全て
AIに任せる人がいないことからも理解できると思います。完全なコンピュータ
化ではなく、重要な人間系業務とコンピュータ化業務の共存により不備のない
業務システムが出来上がります。この観点からも取りまとめているので、参考
として下さい。「産能大式フローチャート」は方法論であり、絶対的なルールと
して他を排除するものではありません。不備の無い業務設計が人間系とコン
ピュータ化の共存であるように、システムフローチャートで網羅できない部分
を補完する技法として取り入れていただければと思います。

　6章では「実務編」として、2章で取り上げた「業務フローチャート」が求め
られる実務ごとにポイントをとりまとめました。「業務フローチャート」の基礎
を修習し実務に入る前に、チェックリストとして活用いただければと思います。
また、既に業務フローチャートに精通している方、作図ではなくレビュー（評
価）の立場にいらっしゃる方のチェックリストとしても活用いただければ幸い
です。

　7章では、利用頻度の高い「EXCEL」に代表されるオフィスソフトを活用し
た作図について記しました。内部統制監査のリスクコントロールマトリックス
との連動、コンピュータシステム設計と連動させた業務プロセス記述には、高
度な専門ソフトが必要という感もあります。しかし、全ての組織や業務に専門
ソフトが必要なわけではなく、オフィスソフトの基本機能である「ハイパーリ
ンク」等を活用することで、実用性の高い運用が可能となります。この説明と、
作業効率向上のための標準テンプレートの実例をデータ付きで紹介しました。

　7章の標準テンプレートのみでなく、4章・5章に用いたフローチャート事例
についても、EXCEL型式でダウンロードできるようにしています。自習教材・
研修教材としての使用、実務で業務フローチャート作成する際のひな型として
ご活用いただければ幸いです。

　2025年までの環境対応で、様々な条件下で多くの方々が改めて「業務フロー
チャート」に取り組まれることが想定されます。「効率化」「自動化」を成し遂
げながらも、手戻りの無い、不備のない業務設計を行うのが「業務フローチャー
ト」による「可視化」の本来の役割です。本書がその一助となれば幸いです。

目　次

第1章
業務プロセスの可視化

Ⅱ 業務プロセスとは

　企業や自治体などの組織は、その業務に関わる多くの方々の活動により運営されています。組織運営を支える活動を「業務」と言います。広義の「業務」では、組織における活動全てが含まれてしまうことになりますが、活動の中には「1回で終わってしまい今後繰り返されることのないもの」「日々何回も行われるが、大きな支出やリスクを伴う可能性のないもの」「企業や自治体の本来の活動に直接関係のないもの」もあります。具体的な事例としては、新規完成社屋の記念公開、日々の郵便物の受け取り、部課内の親睦コミュニケーションなどが該当すると思われます。分析や改善の実務における「業務」は、これらの活動を対象とせず、企業や自治体の本来の活動目的に関わる活動を対象とします。

　組織活動における「業務」は、単一作業のみでは全体評価を見誤ることがあります。組織活動における影響を正しく評価するため「業務プロセス」という一連の作業で取り扱うことが一般的です。たとえば商品の「販売」について考えてみましょう。最もイメージしやすいのは、顧客から代金を受け取って商品を引き渡す場面です。しかし、商品を受け渡すためには、その商品を外部から仕入れる、または社内の倉庫から搬出する等の前段階の作業が必要となります。さらに、その商品を顧客の元に配送する、送り状を作成する、同封する請求書を準備するなどの作業も必要となります。代金を受け取った際に、受領証を渡す、代金を入金する、経理部門にて売上計上処理を行う等の後工程の作業も必要となります。これらの前工程、後工程を含めた全ての一連作業をもって「販売」という業務が完結することになります。この一連の作業を全て網羅したものを「販売プロセス」と呼びます。このように、業務を完結させるための全ての前工程・後工程を含めた一連作業を「業務プロセス」と呼びます。

　主な業務プロセスには、以下のようなものがあります。

■ 販売プロセス

引合→見積→受注→商品手配→発送→納品→検収→入金→売上計上

■ 仕入プロセス

製造・販売計画→調達量確定→発注→入荷→検品→倉庫保管→支払→
仕入計上

■ 製造プロセス

商品企画→設計開発→所要量計算→資材調達→部品製作→組立→品質検
査→耐久試験→保守運用マニュアル整備→製品登録

上記は一般的な事例として記述しましたが、企業や自治体で取り扱う製品・
商品・サービスの種類によってはプロセスを構成する要素が異なる場合も発生
します。

Ⅱ 組織運営におけるPDCAサイクル

　企業や自治体の組織運営において最も重視されるのが「継続的運営」です。近年は企業や自治体だけでなく、社会全体をも対象として「持続可能な運営」という表現が使われることも多くなっています。この「継続的」「持続可能」の意味は、その言葉の示す通り組織が途中で消滅・破綻することなく、半永久的に続いていくことを意味します。ここで言う「継続」の中には、組織自体の内容が安定して均質であることも含まれています。不規則な変動が何回も発生して組織が安定しない場合は、名称だけが同じであっても「継続的」「持続可能」とはならないことに注意する必要があります。

　この「安定した」「継続」を行うためのマネジメント手法の代表的なものが「PDCAサイクル」です。P:「PLAN（計画）」、D:「DO（実行）」、C:「CHECK（評価）」、A:「ACTION（改善）」の作業を繰り返して運営することにより、組織を適切に運営するだけでなく、時代の流れに適用した進化を行うことで半永久的な継続を達成する手法です。

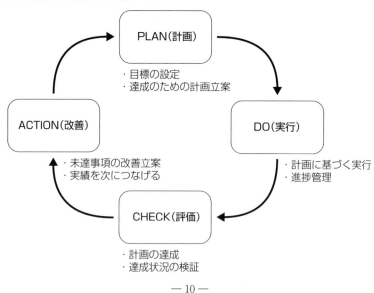

PLAN（計画）
・目標の設定
・達成のための計画立案

DO（実行）
・計画に基づく実行
・進捗管理

CHECK（評価）
・計画の達成
・達成状況の検証

ACTION（改善）
・未達事項の改善立案
・実績を次につなげる

　組織の継続には、「安定」だけでなく環境変化に適応した「進化」も必要となります。「経営（またはビジネス）とは生き物である」という言葉を多くの経営者が口にします。まさにその言葉通りであり、経営手法（またはビジネスモデル）は日々進化しています。企業や自治体組織がこの進化を進めていくためには、組織を支える活動である「業務」の効率化や高付加価値化を進めていく必要があります。これが「業務改善」「業務改革」と呼ばれるものです。一般に、現状のやり方を大きく変更することのないマイナーチェンジでの場合に「業務改善」、大きな変更を伴う抜本的なモデルチェンジの場合に「業務改革」という言葉が用いられます。前者は「効率化」、後者は「高付加価値化」を目的すること多いようです。

Ⅲ 業務の「可視化」の重要性

　「業務」は組織を支える活動ですので、一個人や一部署のみで行うものではありません。また、企業や自治体組織を継続運営するのは習熟した特定メンバーのみでなく、新しく参加した組織のメンバーも対応できる必要があります。不特定多数の多くのメンバーが、素早く的確に業務を理解できることが、強い組織の運営のための必須事項です。そのメンバーとなる対象者に要求される前提知識が少なければ少ないほど、急速な拡大に対応できる成長性の高い組織となります。この「素早く」「的確に」「前提知識を要求せず」に多くのメンバーに業務を理解してもらうための最も有効な手段が「業務の可視化（見える化）」です。

参考：若手社員が「業務フローチャート」作成業務に任命される理由

　1章から読まれる方は、初めて「業務フローチャート」を学ばれる学生の方や、内定者研修や新入社員研修、または初めての仕事で「業務フローチャート」作成に任命された若手社員の方が多いかと思われます。現在は手書き作業でなくオフィスソフト等のパソコンを活用した作業が中心になったと言え、「業務フローチャート」の作成は確かに面倒な作業でもあります。若手社員の方には、「面倒な作業なので押し付けられた」と後ろ向きにとらえられる方もいらっしゃるかも知れません。著者の実務経験に照らし合わせ、社員の立場、経営者の立場、外部コンサルタント（監査を含む）の立場から、その意義について記したいと思います。

　内定者や新入社員の方を含め、新たに業務に取り組むに当たっては、まずは業務手順について熟知してもらう必要があります。座学での集中講義という方法もありますが、より効果的なものとして現場で実務経験を積んでもらう「OJT（On the Job Training）」が一般的となっています。座学であってもOJTであっても、業務手続がマニュアルや手順書等で確立されてからの実施となります。このマニュアルや手順書の作成に当たっては、実際に行われている業務手続を「可視化」して客観的な視点で関連する方々のチェックを受け、書面にまとめる必要があります。この手段として最も効果的なものが「業務フローチャート」となります。

　上記より、「業務フローチャート」の作成は、最も業務の実態を理解することにもつながります。これから企業を担う主力として期待されている若い方々に「業務フローチャート」作成が指示されるのは、この理由によります。

　「業務フローチャート」作成は、「効率化」「自動化」目的に偏ることなく、「網羅的」かつ「正確」に業務の実態を記述する必要があります。この過程で、実務担当者へのヒアリングを行い、業務で用いられている帳票類や使用システムの閲覧・サンプル入手を行います。しかし、入社年数や業務経

験のあるベテラン社員の場合、その実績が不要なプライドとして足を引っ張ることもあります。ヒアリングを行う側、ヒアリングを受ける側に共通して「ベテランとしての経験実績があるのに、こんなことも知らないのですか？」と反応されることへの心配から守りの態勢に入り、「網羅的」で「正確」な業務ヒアリングが行えなくなる可能性もあるからです。しかし、内定者研修や新人研修、若手社員の業務という形で実施した場合は、ヒアリングする側が業務に精通していないのは当然のこととして受け入れられ、滞りなく進めることが可能となります。ヒアリングを受ける側としても、若手の教育という観点から非常に丁寧な説明を実施してくれます。結果として、精度の高い「業務フローチャート」の完成に繋がります。この様に、「教育効果」「成果物の精度向上」の観点から、若手社員が任命されてるのであり、是非この期待に応えていただきたく思います。

　2章にも記している「株式上場準備」「内部統制監査対応」「デジタルトランスフォーメーション（DX）」等のプロジェクトにおいては、さらに大きな意味を持つことになります。これらのプロジェクトにおいては、今までの業務手続を網羅的に把握した上、その非効率の改善と不備の補完を行い、今後の組織活動の中核となる新たな業務手続を設計する作業となります。この新たな業務手続の確立後には、新体制を率いるリーダー的存在も必要となります。このリーダー的存在は、新業務手続に精通した方でなければなりません。そのため、経営者の立場では今後の活躍を期待する若手社員を必ずメンバーとして加え、その方々に「業務フローチャート」作成やマニュアル化作業を担当させることがあります。煩雑な作業ではありますが、若手だから便利屋として使われているのではなく、将来を嘱望されての新体制作りを任されたと理解してプロジェクト遂行されると良い結果に繋がるかと思います。若手の方がリーダー的存在となるためには、多くのメンバーを納得させるための実績が必要となりますが、組織の業務手続の基本として全ての方々が参照する「業務フローチャート」はその裏付けとなる大きな実績ともなります。

　さらに、社内メンバーで行うことにも大きな意味があります。「業務フ

ローチャート」作成作業を外部専門家に委託してしまえば良いという意見もあるかも知れません。この考え方にも一理ありますが、これは外部委託しても問題ない作業に限定されます。欧米企業は業界内のほぼ全ての企業が同じ仕事のやり方であり、製品規格の違いで企業競争力に差を付けています。日本企業の場合は、中小企業の技術力の強みを活かす目的もあり、製品規格は業界内のほぼ全ての企業で統一し、逆に仕事のやり方（ビジネスモデル）の違いで差を付けています。この観点から、企業の強みである業務手続を外部に知らせたくないという思いが経営者にはあります。さらに、「カネ」「モノ」等の資産項目の移動に関する手続きや、重要な機密情報を扱う手続きに関しては、その特性上から外部委託することは不適となります。このような理由により、社内メンバーによる「業務フローチャート」の内製化を行います。「業務フローチャート」は業務の全貌が把握できる上、その作成過程で恣意的な業務歪曲化がされてしまうリスクもあります。そのため、作成ステップには敢えて業務に精通したベテラン社員ではなく、先入観や恣意性を持たずに取り組める若手社員に担当させることになるのです。評価に当たっては、複数の関連当事者による客観的評価となるためベテラン社員が当たることになります。

　企業のノウハウや機密性から、業務手続の可視化作業に外部専門家を関わらせたくないという思いが企業経営者にはあります。そのため、職業的専門家の倫理規程により機密保持の厳守が徹底されている監査法人や公認会計士が「業務フローチャート」作成を必要とするプロジェクトに参画することが多くなります。ERPパッケージの導入やDX対応の場合は、IT企業を中心とした推進になるかと思いますが、上述の理由によりクライアント企業からの情報開示や協力を得られにくい場合もあるかと思います。そのお場合は、企業の社内メンバーの方のプロジェクト参加や、企業の顧問会計士や監査法人との協力体制とすることで円滑な推進が行えるかと思いますので、参考としてみてください。

第2章
業務フローチャートの
スキルを学ぶメリット

Ⅱ 業務の「可視化」手法としてのフローチャート

　PDCAサイクルを繰り返して組織を成長させるに当たり、全ての組織メンバーが業務を「的確に」「素早く」理解する必要があります。P：「PLAN（計画）」においては関連当事者がこれから行う業務の設計で正しい合意を行う必要があり、D：「DO（実行）」においては業務に携わる全ての人が正しい手続きで不備のない運用を行う必要があり、具体的には、運用マニュアルを仕事の専門家でないアルバイトの方や、初めて担当する方でも的確に理解できる必要があります。C：「CHECK（評価）」においては、実行する人と評価する人が同じであってはならないので、実行者と評価者の双方ともが正しい理解を共有できる必要があり、特に重要となります。評価結果に基づくA：「ACTION（改善）」においてもこれは同じです。

　「業務」手続きを記す方法には様々な方法があり、各組織がそれぞれの方法で「業務マニュアル」を作成しています。最も初歩的なものが「文書」で記述されたマニュアルとなりますが、「文書」は一覧性がないため短時間で直感的に全体像を把握することができず、また「文書」を読みこなすことの習熟度により携わる方々の理解度に差が生じます。この問題を解決するのが「図」を用いた「可視化」であり、業務の記述に最も適したものが「業務フローチャート」です。

　「文書」は一方的な情報の流れとなるため、全体を俯瞰的に見ることや複数の視点で共有できる時系列を表現することが困難です。しかしフローチャートで可視化することにより、関連する部署が一目瞭然となり、またその部署が対応すべき業務のみを抽出することも可能です。文字という限られた手段ではなく、記号を用いることで視認性を高めることができ、作業を行うのに必要な環境についての理解も高まります。フローチャートの採用により、最小限の文字数で「業務マニュアル」を作成することも可能となります。

　組織で整備されてる「業務マニュアル」はまだ「文書」によるものが多く、「業務フローチャート」化が十分には進んでいない状態です。本書で記す専門的な用途以外にも、一般的な「業務マニュアル」のブラッシュアップにも「業務フローチャート」作成スキルは有効と思われます。特に、少ない文字数で業務を記述できることは、国際業務や多国籍環境でのビジネスにおいて、マニュアルを多言語化することにも貢献します。

Ⅲ 業務フローチャートが用いられる代表的な実務

　「業務フローチャート」は「業務」という言葉を冠している通りコンピュータプログラム作成に用いられる「フローチャート」とは本質の異なるものです。その優位性は日常の「業務マニュアル」はもちろんですが、それ以上に企業や自治体の組織全体を対象とした「改善」や「改革」プロジェクトで本領を発揮します。

　令和の時代は2020年代のスタートとも重なり、大きな「変化」の時代となっています。企業や自治体組織は、「環境」「政治・経済」「技術革新」という様々な要因からからその「業務」の見直しを迫られることとなりました。

　世界を襲った未知のウィルス等の「環境」要因により、生命・安全に関連する産業を中心にグローバル・サプライチェーンの見直しと変革が急務となっています。特に生命・安全に関する産業はサービス産業中心の第3次産業よりも食材や生活必需品と中心とした第1次・第2次産業が占める割合が多く、これらの産業の国内回帰や規模拡大による組織整備が必要となってきました。

　資本主義制度を代表する「株式会社」の仕組みにおいて、投資マーケットからの資金調達は最も重要なプロセスです。日本の大手証券取引市場で、収益性を重視した上場基準の見直しが始まっており、既に上場している企業であっても再上場審査に向けた準備が必要となる可能性も出てきました。前述した国内回帰や産業構造変化も影響し、上場審査に向けた取り組みは未上場企業だけでなく上場企業も含めた必須対応事項ともなりつつあります。

　全ての企業が対象となる「業務」に関する取り組みはこれだけではありません。IT（情報技術）を中心とした急激な「技術革新」の中で、新時代に合わせたビジネスモデルと情報システムの整備が企業のみならず自治体等の全ての組織にとっての必須課題となりました。経済産業省の「DX（デジタルトランスフォーメーション）レポート」に代表されるような数々の提言がなされています。新しい変化に対応するだけではなく、従来の取り組みにおいても不備が指

摘されることが多くなり、自治体における情報流出やデータ消失等の不具合が連続して発生して対応の緊急性も高まってきています。

　これらの「グローバル・サプライチェーン」「株式上場」「内部統制」「DX（デジタルトランスフォーメーション）」等の取り組みにおいて、共通して着手すべき工程が「業務」の可視化であり、その際に必要となるスキルが「業務フローチャート」です。

　以下に各取り組みの概要と、その中での「業務フローチャート」の位置付けについて記します。

［1］企業・自治体等の組織の業務改善

　企業の収益性や自治体のサービスレベルを改善する大きな指標の1つに「回転率」が挙げられます。「回転率」とは単位時間当たりにこなせる業務の回数であり、業務の無駄を省いて効率を上げることで回転率も上がります。最も身近でわかりやすい例として、「受付窓口」の「待ち時間」が挙げられます。自治体のサービスにおいて市民がストレスを感じる大きな理由の1つが「待ち時間」ですが、手続きの効率化により処理時間を短縮することができれば「待ち時間」を短縮することができ、サービス品質を改善できます。企業においては、「待ち時間」の短縮は顧客満足を上げるだけでなく、単位時間当たりの契約数増加による売上増大に直結するため、収益向上にも貢献することとなります。このように、業務における三ム（ムリ・ムダ・ムラ）を解消してサービス品質や収益性を向上させる活動を「改善」と呼び、企業や自治体の組織では「業務改善」として継続的な取り組みを行っています。

　特に効果が大きいのが製造業であり、製造業においては「タイムスタディ」という、製造工程の「改善」を時間で数値化して効果測定するマネジメントを導入しています。大量生産される製品においては1工程の数秒の時間短縮であっても、量産効果で数カ月分の受注残の消化や大きな利益改善につながることもあります。そのため、特に収益性の高い製造業では、毎年度改善比率の目標設定を行った継続的な取り組みを行っています。

この「業務改善」において最初に着手すべき作業が「業務の可視化」です。改善を行うに当たっては、現在行われている業務を正しく記述し、改善に携わる関連部署の全メンバーが現状を共有する必要があるからです。この記述に用いられるのが「業務フローチャート」です。「業務改善」を的確かつ効果的に行うには、「業務フローチャート」による「業務の可視化」が必須であり、「業務フローチャート」を記述するだけで終わりではなく、メンバーが「業務フローチャート」を読みこなして理解するスキルも必要となります。

「ムリ・ムダ・ムラ」を排除する「改善」は、現業務を効率化するレベルにとどまらず、抜本的に改革する場合もあります。この場合は「業務改善」という言葉でなく「業務改革」という言葉が用いられます。「業務改革」は時代や環境により、「リエンジニアリング」「イノベーション」等の言葉が用いられる場合もありますが、言葉は変わっても本質は同じです。「業務改革」であっても改革に着手する前段階として「業務フローチャート」を用いた「業務」の可視化が必須となります。

「改善」「改革」により三ムを排除した新業務を設計するだけではPDCAサイクルを回すことにはなりません。そのため、現業務だけでなく、改善後の「業務」も「業務フローチャート」で記述する必要があります。新業務を「業務フローチャート」に基づいて運用し、運用上発見された不具合の修正を織り込んで実運用に耐える業務とし、最終的に落ち着いた結果を「業務マニュアル」を兼ねたフローチャートとして作成して実務部門に定着させることで「改善」「改革」が達成できます。

2 コンピュータシステム（ERPパッケージ）を導入した業務改善

「業務改善」の方法は、前述のような実務現場の現状把握に基づく「ボトムアップ」型だけではありません。既に完成されたお手本となる業務を実務現場に落とし込む「トップダウン」型の方法もあります。その代表的な改善方法がコンピュータシステム（ERPパッケージ）を用いた「ベストプラクティス」というマネジメント手法です。

「ベストプラクティス」とはその言葉の示す通り「ベスト（最も優れたお手本）」に「プラクティス（学んで習得する）」業務改善・改革の方法です。スポーツ技能を向上させる際、優れたプロ・アスリートのテクニックをそのまま真似するだけでも大きな技能向上が期待されます。これと同じく、企業のマネジメントにおいても業界トップ企業のマネジメント手法をそのまま導入することで、設立間もない新興企業であっても業界老舗企業の完成されたレベルに近いマネジメントを短期間で実現することが期待できます。

　この「ベストプラクティス」を導入する効果的なツールとして用いられるのが「ERPパッケージ」と呼ばれるコンピュータシステムです。「ERP」とは「Enterprise Resource Planning」の略称であり、ビジネスの現場では「企業資源計画」という直訳の言葉よりも「統合基幹業務」という言葉が用いられるのが一般的です。これをコンピュータシステムとして定型化したものが「パッケージシステム」であり、業務プロセスを定型化したコンピュータシステムを「ERPパッケージ」と呼びます。「販売・生産・会計」等の業務全般を統合したシステムが本来のERPパッケージですが、一度に全業務を導入する困難さや、必ずしもトップ企業の実務運営方法がその企業に全て当てはまるわけではないということもあり、段階的に導入されるのが一般的です。販売業務や生産業務は企業ごとに実施方法が大きく異なる場合もありますが、法律や会計規則に基づく会計業務等は組織による差が少ないことから、会計パッケージから導入されることが多くなっています。

　しかし、会計システムであっても現在の業務にそのまま全てが当てはまる場合は稀であり、必ず現在の人間系の業務手続と、ERPパッケージ導入後の「ギャップ」を事前に分析し、現業務に携わる方々を混乱させることなくスムーズに導入する作業が必要となります。分析を行うための現業務の記述を「業務フローチャート」により行います。さらに、ERPシステム導入後の業務手続も「業務フローチャート」で可視化して記述します。

　「ERPシステム」を導入した業務改善は、ただ単にコンピュータシステムを購入して設置するだけでは効果を発揮しません。必ず、現在の業務分析に基づく導入後業務を設計し、3カ月程度の安定運用を見極めた上で安定稼働後の業

務マニュアルを作成することで完了となります。この業務マニュアルは「業務フローチャート」を活用して作成します。

ERPシステムを用いたベストプラクティスは、上流工程を担当するIT企業やコンサルティング企業が手掛けることが多いですが、このためにはコンピュータプログラム作成目的の「フローチャート」ではなく、「業務フローチャート」のスキルが必須となるのです。

3 株式上場審査への対応

組織規模の拡大に当たっては、活動のための資金調達が必要となり、この最も効果的な手段の1つが「株式上場」による市場からの資金調達です。資本主義制度の根幹をなす「株式」ですが、市場で流通しなければその効果を最大限に発揮することができません。証券取引所等で正式に流通するための資格を得るため株式上場審査で承認を受ける必要があります。株式上場の手続きに当たっては、上場を希望する企業では株式上場準備室等の経営トップ直轄プロジェクト組織を設立し、証券会社や監査法人等の株式上場支援コンサルティングで指導を受けながら手続きを進めていきます。企業自らが属する業界分析や自社の強み分析等の書類整備に大きな苦労を伴うことはありませんが、最も負荷をかけて取り組む準備作業があります。それが「申請Ⅱの部」等に代表される自社の重要な業務プロセスを「業務フローチャート」で可視化し、その業務手続に不備がないことを明示する作業です。

株式上場における資金調達は、投資家の方々から資金供与を受けて経営に活かすことが目的なので、特に重視される上場審査要件が「資金の横領や不正利用が発生しないコントロールが有効であること」となります。このため、単に業務の流れを記したフローチャートではなく、「不正防止のコントロールの有効性」を明示する可視化が必要です。よって、コンピュータプログラムの作成に用いられるフローチャートでは不十分であり、物の流れとお金の流れを明確に記述して部門間や社内外の移動、責任者による決済承認の整備状況等が明瞭に判別できる「業務フローチャート」での記述が必要となります。

　株式上場準備のために作成された「業務フローチャート」は、IR（投資家への開示情報）が電子化された現在では、上場審査を受ける段階から上場後も自社のWEBサイトや関連WEBサイトで公示されることが多く、しっかりとしたスキルの裏打ちの下で作成する必要があります。上場後においても、社規や社内標準としてオーソライズされた文書として永年使用されることもあるので、企業の総務管理部門や経営管理部門に携わる方々にとって「業務フローチャート」作成技術は必須のスキルとなります。

　従来は上場審査をクリアすれば、より上位の証券市場を目指さない限り、上場審査のための「業務フローチャート」整備は必要とされることも少なく、社内の業務改善・業務改革用途を主目的としてフローチャート作成することが一般的でした。しかし、ビジネスのグローバル化による投資家の国際化や、ITを中心とした技術革新による新たなビジネスモデル登場により、老舗企業の収益性を凌駕する新興企業が多く発生し、従来の上場基準では投資家のニーズに十分応えることができない状態となってきました。そのため、証券取引所の中には時代に合った上場基準の見直しを始めており、「収益性」に着目した上場銘柄の見直しを求めるようになってきました。

　日本においては、2020年2月1日付けで東京証券取引所が「新市場区分の概要等について」という通達を行い、市場区分の見直しについて言及しています。国内回帰や新たな需要により新規上場する産業のみでなく、収益性の観点から「上場基準」の見直しを行っている証券取引市場も出てきており、再度上場審査に向けての手続きが必要となる可能性を見て動いている企業もあります。再上場も含む「株式上場」対応が今後必要になると見込まれています。

④ 内部統制監査への対応

　業務における「不正」防止の取り組みは、株式上場審査のためだけに行うものではありません。企業のみでなく自治体も含めた組織は、コンプライアンス（法令順守）の下に、業務遂行における不正防止に取り組む必要があります。コンプライアンスは法律に定められたものだけが対象ではなく、公序良俗や善管

義務（善良なる管理者としての義務）の観点、企業のブランド価値の維持、顧客を中心とした関連当事者との信頼関係の維持の観点からも重要です。

　残念なことに、近年では一般企業よりも信頼度の高い組織と言われていた自治体においてまでも「業務」に関わる課題が続けて出てくるようになりました。政令指定都市を含む自治体における大規模な情報流出が相次ぎ、また文書整備の不備に基づく問題が連日のように議会で取り上げられることもありました。さらに、外部委託していた情報システムの不備により、重要なデータが消失するようなトラブルも発生しました。

　企業や自治体などの組織が、自ら業務の「不備」を整備し、業務を正しく運用できているか定期的にチェックする体制を「内部統制」と呼びます。2001年に破綻した米国のエンロン社での巨額な不正経理・不正取引による粉飾決算事件を契機に、企業の内部統制を義務付ける「SOX法（サーペンス・オクスレー法）」が制定され、日本においても「J-SOX法（日本版SOX法）」が2006年に成立し、2008年から適用が開始されました。これにより、上場企業は有価証券報告書と合わせて内部統制報告書を提出することが義務付けられることとなりました。

　内部統制の着実な遂行のために、一般に内部統制3点セットと呼ばれる「業務記述書」「業務フローチャート」「リスクコントロールマトリックス」を作成することが望ましいと言われています。このように「業務フローチャート」のスキルは、上場企業においても「内部統制」の観点からも必須スキルと言うことができます。

　この「内部統制」は、上場企業に限らず、未上場であっても大手資本（特に海外）の出資を受けている企業、国の助成金補助を受けている団体等も積極的な取り組みを行っています。近年においては、相次ぐ不祥事への対応として、多くの自治体が「内部統制」の整備に向けた動きを行っています。

5 デジタルトランスフォーメーション（DX）への対応

　「情報技術」の進歩は、世界中の全ての組織が直面すべき「変化」です。従来

は「IT（Information Technology）」という言葉が使われることの多かった「情報技術」ですが、現在は「デジタル（Digital）」という言葉が使われることが多くなりました。「IT」が現在の業務を「効率化」するのに対し、「デジタル」は現在の業務を抜本的に変革して「新たな付加価値」をもたらすというニュアンスで用いられています。この「デジタル」が浸透することにより、人々の生活をあらゆる面でより良い方向に変化させる概念を「デジタルトランスフォーメーション」と呼び、「DX」の略称が用いられることもあります。現在はビジネス用語として浸透しつつある「デジタルトランスフォーメーション（DX）」ですが、学術用語としては2004年にスウェーデンのウメオ大学のエリック・ストルターマン教授が提唱したとされています。

「デジタルトランスフォーメーション（DX）」がIT業界だけではなく、全ての企業が取り組むべき経営課題として広く認識されるようになったのは、2018年9月に経済産業省で提言された「DXレポート」の影響と言われています。本レポートには「2025年の崖」という問題提起がなされており、経営者がデジタル技術を活用した新たなビジネスモデルに柔軟に対応できる「デジタルトランスフォーメーション（DX）」実現のために克服すべき課題について、その課題を克服できない場合は2025年以降に現在の3倍規模の経済損失が生じる危険性があると指摘されています。その代表的な課題として、「部門ごとに構築されてきた」「複雑化・ブラックボックス化した」既存システムの問題を解決し、「業務自体の見直し」を実行することがクローズアップされています。既に国際展開している大手企業を中心に、経営者自らがリーダーシップを取り推進している事例も出てきていますが、これは大手企業だけではなく自治体も含む全ての組織が取り組むべき課題と言われています。

「デジタルトランスフォーション（DX）」の推進に当たって最初に取り組むべきことは、部門を超えた組織全体として現在の業務の実態を組織メンバー全員が的確に把握することです。デジタル技術や新しいビジネスモデルへの変革への取り組みではありますが、本質は継続して行ってきた「業務改善」と同じです。そのため、「業務フローチャート」による可視化が必須のスキルとなります。

「デジタルトランスフォーメーション（DX）」を失敗させないため特に注意す

べきことは、デジタル技術を用いる情報化が目的ではなく、技術革新に柔軟に対応できるようビジネスモデルの変革を行うことが主目的ということです。「技術指向 (Technology Oriented)」ではなく「ビジネス指向 (Business Oriented)」であるべきです。多くのIT企業がコンサルティングを手掛け始めていますが、コンピュータシステムのフローチャートではなく、業務を可視化するための「業務フローチャート」の勘所をしっかり押さえた推進が求められます。

参考：シミュレーション加速化手法としてのデジタルトランスフォーメーション

　「デジタルトランスフォーメーション」の「トランスフォーメーション」を組織の「変革」という意味ではなく、アナログとデジタルの双方向「変換」を意味するものと捉え、シミュレーション技法として活用するアプローチも始まっています。

　最も代表的な「アナログ」存在は「自然環境」であり、その中には私たち人類を含む「生命」が存在します。生命はたった1つのかけがえのない存在であり、徒（いたずら）に危険に晒（さら）してはいけないものです。しかし、医療においてはその生命を危険に晒してまで取り組まなければならない場合があり、それが難易度の高い心臓手術や脳外科手術です。これらの手術は技術的難易度の高いものあり、技術レベルを向上させるには練習を重ねて熟練することが一番ですが、たった1つの生命を実験台にすることはできません。しかし、この難題を解決したのが「デジタル」であり、心臓手術や脳外科手術の環境をVR（仮想現実）で提供することにより、生命を弄ぶことなく試行錯誤による技術レベル向上の経験蓄積を可能としました。「デジタル」の特長は「劣化なく」「無制限に」複製が可能なことであり、心臓や脳などの生命にかかわる存在であっても、センサー等によるサンプリングで「デジタル化」することにより、無制限の試行錯誤が可能となります。さらに、デジタルデータはコンピュータ上でのシミュレーションが可能となるので、高速シミュレーションにより短時間に莫大な試行錯誤が可能となります。「デジタル化」による高速シミュレーションは生命科学の分野だけではなく、高額な試作機を破壊せずにシミュレーションを行える利点から、製造業等でも推進されています。

　この「デジタル化」によるシミュレーションですが、生命や機械だけでなく、企業や自治体の組織にも適用可能であるとの研究事例が出てきています。経営環境の急激な変化への対応や、飛躍的な成長を目的とした抜本的な組織改革を行いたくとも、その有効性の検証や、実際の定着運用まで

には長時間の試行が必要となります。企業や自治体の活動における重要な組織であればあるほど、徒に長期間の試行錯誤を行うことはできなくなります。この問題は上述した生命の場合と同じです。したがって、組織をサンプリング・モデル化することで「デジタル」の存在にすることができれば、コンピュータ上でのシミュレーションが可能となります。この「デジタルモデル化」するためのサンプリング手順として、組織の「業務フローチャート」記述が有効となります。

　現在でも活用されているグループウェアの「ワークフロー」機能、ERPパッケージ等は、「組織」機能のデジタル化を部分的に実現したものとも言えます。両者とも導入・定着に当たっては、「業務フローチャート」を活用した文書化が重要な作業工程となっています。このように、今後主流になると思われる「組織機能をデジタル化してコンピュータシミュレーションで有効性を検討する」という作業においても、「業務フローチャート」のスキルが大きな意味を持つと思われます。

第3章

「産能大式」フローチャートが
実務で重用される理由

Ⅰ 「産能大式」フローチャートと実務

　フレデリック・テイラー氏が考案した「管理工学」を日本に初めて導入し、日本初の経営コンサルタントとしても有名な上野陽一先生により、産業能率大学は設立されました。上野陽一先生は「経営科学の父」として様々な企業の経営コンサルティングで管理工学の浸透に尽力し、三ムとして知られる「ムリ・ムダ・ムラ」の解消による業務改善・業務改革の基礎を築き上げました。当時は業務改善を「能率」という言葉を使って表現していたこともあり、これが設立産業能率大学の名前の由縁ともなっています。

　上野陽一先生の建学の精神を引き継ぎ、学術研究の観点に加えて経営指導の実践ノウハウも蓄積して進化させてきた業務フローチャートである「産能大式フローチャート」は、産業能率大学の関連機関が直接行う場合のみでなく、多くの業務記述の現場で用いられています。特に、厳しい審査基準で有名な証券会社の審査部門や内部統制監査の実績で定評のある監査法人、瑕疵のない法令順守で有名な上場企業の経営管理部等では、業務フローチャートの記述に当たり「産能大式フローチャート」での記述を積極的に推奨しています。手書き記述が中心であった時代にはテンプレート定規として、パソコンが広く浸透した現代においてはフローチャート作成ソフトのテンプレート部品も提供されています。

　「フローチャート」というと、一般にはコンピュータプログラミングの設計に用いられるものを思い浮かべる方が多いと思います。「情報処理技術者試験」等を通じて、フローチャート記述についてのスキルをお持ちの方も多く存在しますし、日常業務でも簡単なフローチャートを作成する機会は多くあるかと思います。これらのフローチャートと「産能大式フローチャート」はどこが異なり、なぜ株式上場審査や内部統制監査の実務では「産能大式フローチャート」が重宝されるのでしょうか？　以下に、簡単でありながら非常に重要なポイントを中心に、その理由について解説していきます。

Ⅲ 「株式上場審査」「内部統制監査」で重視されるポイント

　「株式上場審査」では「申請資料」として、J-SOXに代表される「内部統制監査」では通称「3点セット」の重要な1つとして、「業務フローチャート」の作成が求められます。「業務フローチャート」は「業務」を「可視化（見える化）」し、関連当事者が時間をかけることなく共通の正しい理解を行うことを可能とします。一般的には業務マニュアルや業務改善のための資料として用いられることが多いですが、特に重視されるのが「株式上場審査」や「内部統制監査」の資料として作成する場合となります。

　最も大きな違いは、業務マニュアルや業務改善の資料として作成する場合は「作成する側・使用する側ともに同じ組織内の人間」であるのに対し、株式上場審査や内部統制監査においては「作成者は組織内の人間であるが、使用するのは組織外の専門家」となることです。あえて専門家と記したのは、「審査」や「監査」を行うのは証券アナリストや公認会計士のような専門家資格を有する社会的責任能力を問われる専門職の方が多く、その専門家の判断結果が投資家や従業員、自治体の構成員へ大きな影響を与えるからです。同じ組織内、たとえば社内の従業員が主な利用者であれば、フローチャートの記述が不十分であった場合は同じ社内メンバーという立場を活かして口頭での補足等も可能となります。しかし、株式上場審査や内部統制監査等で外部専門家が使用する場合には、フローチャートへの記載不備がそのまま「審査や監査の充足要件を満たさない」という判断につながる可能性もあります。そのため、「株式上場審査」や「内部統制監査」に対応するためのフローチャート作成は、必要最低限のものを漏れなく正しく記述する必要があります。

　その必要最低限のものに「重要な資産（モノ）の管理」「投資や税金として預かった運営資金（カネ）の管理」「個人情報等の重要な情報（情報）の管理」が含まれます。経営資源を代表する言葉である「ヒト・モノ・カネ・情報」のうち、「モノ」「カネ」「情報」の流れである「物流」「金流（商流）」「情報流」を網

羅して記す必要があるのです。さらに注意すべきは、同じ組織（自治体・企業グループ等）内であれば組織の問題として解決できる余地もありますが、組織外（社外・県外・国外等）にモノ・カネ・情報が流出した場合は、追跡調査や解決に大きな困難を伴う問題ともなりかねません。組織外に「モノ」「カネ」「情報」が流れる際には、必ずその取引（トランザクション）の裏付けとなる伝票等の「証憑」が必要となります。

Ⅲ 瑕疵のないシステム化のために必要なチェック項目

　「ペーパーレス」に続き「キャッシュレス決済」も一般化した現在、企業や自治体の取引の多くがコンピュータシステム化されています。表面上だけ見て「証憑」を悪しき時代遅れの文化と決めつける風潮もありますが、不正防止や不備のない取引を実現し、「物品や金品の不正取得」「重要な情報の外部流出」を防ぐためには、「モノ」「カネ」「情報」の流れが正しく制御され、特に外部に出る場合には正規の手続きを経ており、その証憑がしっかりと残されていることが重要となります。「証憑」は紙媒体に限らず、新時代の法整備により電子データでも十分な証拠能力を持つようになりました。

　業務を効率化・高付加価値化するコンピュータシステム化において、瑕疵のないシステム化を実現するためには、「モノ」「カネ」「情報」を必ず対応させた一元管理とし、組織外への移動等の際には必ずその「証憑」が電子データとして残っていることが必要最低限のチェック項目となります。

　具体的な例として、社外の業者から資材を購入するケースを考えます。資材の購入に当たっては、その取引の「金額」「数量」「支払条件」「保管場所」等を明記した「仕入伝票」が必要となります。コンピュータシステム化の際、単なる「伝票発行」の効率化と捉えて伝票発行のみを意識してプログラムを作成すると、不正リスクが残ってしまいます。コンピュータ上の取引記録・伝票発行機能だけではなく、仕入れた資材の所在も関連付けた管理が必要となります。これを全てコンピュータプログラム上で行うのか、伝票発行業務のみをコンピュータ化して現物管理を人間系業務で行うという分業制とするのかは、企業規模により判断が分かれることになります。完全にコンピュータプログラムのみで行う場合は、取引データの修正・削除を履歴処理なく簡単に行える仕組みであると、証拠隠滅リスクの瑕疵が残ってしまいます。さらに、取引データがコンピュータ機器の故障等で消失するリスクが残っている場合、この対策整備も必要となります。

「株式上場審査」や「内部統制監査」をクリアするための瑕疵のないシステム構築に当たっては、上述した要件を満たす取り組みが必要となります。これは目に見えない電子データや機械語に近いコンピュータプログラムだけでは不十分となるため、人間系の手続きも合わせて業務全体として不備のないことを可視化する「業務フローチャート」による記載が最も適切であると言えます。

Ⅳ 一般的なシステムフローチャートの限界

　2001年の米エンロン事件に端を発する2008年のJ-SOX法導入までの間、準備段階企業を含む多くの上場企業が「内部統制」整備のための「業務フローチャート」の作成を行いました。また、2004年をピークとした新興市場をターゲットとした株式上場ブームも手伝い、上場企業に限らず多くの企業や組織が「業務フローチャート」を作成することとなりました。この組織体には自治体も含まれています。しかし、それから10年以上経った現在においても上場企業での不正取引や自治体の情報流出等の不備やシステムの瑕疵は消えていません。

　この原因の1つとして、J-SOX対応や上場ブームという短期間に多くの組織が「業務フローチャート」に取り組む状態になったため、熟練したコンサルタントの絶対数が需要に追い付かず、コンピュータシステムの専門家が業務コンサルタントの補完として「業務フローチャート」のアドバイスに当たったことが挙げられると思われます。

　コンピュータプログラム作成を主目的とした「フローチャート」スキルは高度なIT系スキルではありますが、組織活動を記述する「業務フローチャート」とは本質の異なるものであり、そのまま適用しては不十分となる場合もあります。

　ここでは、「システムフローチャート」と「業務フローチャート」の本質的な違いについて記し、「システムフローチャート」の限界についてまとめます。登場から10年以上経過した令和の時代・2020年代に、再び「業務フローチャート」の記述ニーズが高まる時代を迎えました。多くのコンピュータシステムの専門家の力が必要となると思われますので、コンサルティング業務への参画を考えているコンピュータシステム専門家の方々にも、この本質的な違いを押さえて「業務フローチャート」の作成支援に当たっていただきたいと思います。

　「システムフローチャート」と「業務フローチャート」の違いをまとめたものを次ページの表に示します。本表に基づき、「システムフローチャート」と「業

務フローチャート」の本質的な違いについて説明していきます。

	システムフローチャート	業務フローチャート
適用対象	製品（Product） ・プログラム ・制御機器　等	手続き（Process） ・業務 ・組織活動
主目的	まだ存在していないものを新たに生み出すための「設計」「企画」のために作成	現在実施されている業務の実態を正確に記述して可視化する。
利用者	特定の熟練した専門技術者 作成者＝利用者となる場合もあり、その場合は同一組織内の人間であることが多い。	不特定多数の専門知識を持たない人々 作成者≠利用者であることが一般的であり、さらに作成者・利用者ともに外部の人間である可能性もあり
精度	専門家にとって常識となる部分は省略しても可	専門知識のない方、初めて見る方でも、短時間で正確かつ網羅的に理解できる精度が求められる。
作成要否	場合によっては作成不要	必ず必要
利用頻度	Product 完成までの「1 回」のみとなり、その後に再利用されることがない場合もあり	不特定多数の異なる人々が、時と場合を変えて何回も利用することが前提
改訂要否	再利用なしの場合、改訂も不要	必ず現時点のものと整合性を持つ改訂を継続して行う必要あり
適性	コンピュータが処理する「情報」の処理・制御の記述に適している。	経営資源である「モノ」「カネ」「情報」の全てを、「証憑」と連動させて記述させるのに適している。

1 適用対象と目的

　コンピュータシステムとは、電子化されたコンピュータプログラムに限定されず、センサー等の制御機器を複数組み合わせた装置体系も含めた呼称となります。特に「IoT（Internet Of Things）」という、あらゆるモノ（機器だけでなく人間系や環境系も含む）にインターネットを接続して技術変革の恩恵を享受する取り組みにおいては、電子プログラムと制御機器の混在は必須となっています。主にこの分野に適用される「システムプログラム」ですが、その適用対象は「プログラム」や「制御機器系」という「製品（Product）」となり、「ま

だ存在していないものを新たに生み出す」ための設計・企画のために用いられます。

　対して「業務フローチャート」は、業務や組織活動の「手続き（Process）」を記述するために用いられます。全くゼロから新規に業務設計を行うのは稀な例であり、一般的には「現在行われている業務の実態を正しく記述する」ことが主目的となります。

　このように、「システムフローチャート」と「業務フローチャート」は適用対象や目的が全く異なるため、求められる要件や重要性の評価も大きく異なることとなります。

2 利用者と利用段階、利用回数

　さらに、利用者と利用段階、利用回数も異なってきます。コンピュータシステムの場合、「システムフローチャート」で記述されたプログラムを作成するのは、専門知識を有する情報処理技術者となります。熟練した技術者であれば、基礎的な事項は設計図を見なくとも独自に実施可能なため、必ずしも全てを詳述したフローチャートを必要としません。また、プログラムや制御機器系を制作する段階では、極端な場合はたった1回のみのフローチャート参照となる場合もあります。電子プログラムの場合、データコピーで簡単に量産できてしまうからです。さらに言うと、現在のようなスマホアプリのように世代交代の速いコンピュータプログラムが主となる時代においては、あえて「システムフローチャート」を作成せずに「プロトタイピング」という試行錯誤でプログラムを完成させていく方法もあります。情報の参照や作図が主目的のアプリの場合は、内部の処理フローが不明確な「ブラックボックス」であっても問題とならない場合もあります。このような場合は「たった1回」どころか「利用回数ゼロ・作成不要」と判断される場合もあります。

　一方「業務フローチャート」の場合は、作成者以外の不特定多数の人が時と場所を変えて何回も利用することが前提となります。日常業務を記述した「業務マニュアル」を兼ねるフローチャートであったとしても、正社員だけでなく

パートやアルバイトの方々のような業務に習熟していない人でも即座に理解し、不備のない運用が行えるものであることが求められます。「株式上場審査」や「内部統制監査」においては、利用者が審査や監査の専門家であっても対象となる組織業務に習熟しているわけではないため、業務に対して初めて接触する人でも短時間で正確に理解できるレベルのものでなくてはなりません。また、日常業務に用いられる「業務マニュアル」は当然として、「株式上場審査」「内部統制監査」では一度きりだけでなく継続的な運用状況の自己点検や外部専門家による評価が必要となり、今後とも繰り返し利用されることとなります。

　このように、「システムフローチャート」が必ずしも詳述を求めない、場合によっては作成を省略してもよいものであるのに対し、「業務フローチャート」は初めて対象業務に触れる外部の人を想定した網羅性のある正確なものを、継続使用に耐えるレベルで必ず作成する必要があるという大きな違いがあります。

　「システムフローチャート」に慣れたコンピュータ専門家の立場では、今まで携わってきた業務での判断基準から「効率化」を求めて記述の簡素化や省略を推進される場合もありますが、このアプローチは「業務フローチャート」作成に当たっては逆効果となる場合もあることに注意が必要です。特に「株式上場審査」や「内部統制監査」に用いられる場合は外部提出資料ともなるため、場合によっては長期間公開・保存されることとなります。その場合製品寿命やシステムサービス期間が満了するまでという限定された期間ではなく、組織体が継続して業務を行う限り永続的に通用する記述の正確性が求めらるので、「効率化」や「省略」がマイナスになることにも留意しておきましょう。

③ 物理的な資産項目としての「モノ」「カネ」「情報」の取り扱い

　企業における不正で最も悪質で目立つものが金品の着服や資産の横流しであり、これは「モノ」「カネ」という企業の財産保全に関わる大きな問題です。これに加え、自治体等でも課題となっている第4の経営資源と言われている「情報」の管理も必要となります。

　「システムフローチャート」は、コンピュータによる「情報」の流れを記述することには優れていますが、「モノ」「カネ」の記述までは網羅されていないのが一般的です。さらに、「証憑」として「情報」を用いる場合には、「モノ」「カネ」の動きと連動して記述する必要があります。この観点からも、「モノ」「カネ」「情報」を連動させて記述する「業務フローチャート」とは成り立ちが大きく異なるものであるとも言えます。

Ⅴ 産能大式フローチャートの優位性

　業務記述に優位性を発揮する「産能大式フローチャート」の主な特徴について、以下に解説します。

1 方法論であり規則や規格ではないため、柔軟な運用が可能

　「産能大式フローチャート」は会計規則や工業規格のような厳格な運用が求められる規則・規格ではなく、あくまで業務を効率化するための「方法論」です。したがって、生産性や効率化を否定してまで厳格に運用すべきものではないと認識いただければよいと思います。導入現場では規則・規格と受け取られている場合もあり、「産能大式フローチャート」による記述ではなく、システムフローチャートによる簡素化に流れたこともあると聞いています。しかしこれは全くの誤解であり、「産能大式フローチャート」の基本を押さえておけばそれぞれの現場に最適化された形での導入も可能です。

　「産能大式フローチャート」の優位性として挙げられることの多いシステムフローチャートには存在しない記号群ですが、専用ソフトが導入されていない場合はこの記述が煩雑となり、また技術革新の速い現在においては導入現場で必須となっている重要機器の記号が網羅されていない場合も多くあるかと思います。規則・規格の場合は厳格な記述が必須となり、不足記号に関しては制度改定を待つ必要がありますが、方法論である「産能大式フローチャート」の場合は現場での最適化が可能です。

　作成に用いるソフトウェアに記号部品がない場合は、フローチャート記述集の表紙またはフローチャートの下部に代替記号の説明を「凡例」として掲載すれば問題ありません。物流線を路線状でなく太実線や二重線で記述する方法や、電子機器の記号として社内で実際に使用されている機器の写真を用いたり、簡

易的な文字記号として記述する方法も可能です。

　繰り返しになりますが、業務フローチャート作成の目的は「業務の『可視化』」にあります。「可視化」は誤解なく共通の理解を得る手段なので、現場で最適化した記号を使用する際には、その最適化の事実を併記しておけば運用上全く問題はありません。

2 「モノ」の流れと「情報」の流れをそれぞれ記述できる

　コンピュータプログラムや制御系システムは全て電子化された情報処理で完結する場合が多く、一般にシステムフローチャートでは「情報」の流れしか記述されていません。しかし、前述の通り業務においては「モノ」「カネ」「情報」の記述を網羅的かつ有機的に関連付けて記述する必要があります。「産能大式フローチャート」では、「モノ」「カネ」「情報」の流れをそれぞれ記述する記号が用意されています。

記号	意味
	現品（モノ）
	現金（カネ）
	帳票（情報）
	帳票の流れ線
	現品・現金の流れ線

　「モノ」の流れは、かつての広域物流が主に鉄道により行われていたことから「鉄道線路」を表す線で記述します。「情報」はシステムフローチャートと同じく「細い実線」で記述します。「カネ」の流れについては、これもかつての「金流（商流）」が現金袋により行われていたことから「実線」に「現金袋」を重ね

た形で記述するのが基本となっています。

　高額な物品を購入した場合を例に考えます。システムフローチャートの記述の場合は、取引の「情報」が優先して「モノ」と独立して記述されてしまうため、「情報」の流れは一貫して最後まで網羅されても「モノ」の流れが途中で不明になる可能性もあります。そのため、帳簿上には存在するにもかかわらず、棚卸実査で現物を確認しても見つからないという「紛失」や、最悪の場合は「横流し」という不正を長期間発見できない瑕疵が発生することもあります。しかし「産能大式フローチャート」で記述する場合は、必ず「モノ」「情報」の両者を記述する形となるため、帳簿管理と現品管理を一体化させて行えることとなります。「カネ」に関しては日々の出納管理や月次決算、金融機関等の厳格な外部機関への照会等で対応できることも多いですが、購入物品に関しては企業や自治体の内部組織での管理が必須な上、特定部署の専門家のみが使用している場合や必ずしも毎日は使用されない場合もある「モノ」に関しては、業務フローチャートでの記述に基づく内部管理が非常に重要となってきます。

　テンプレート定規を活用した手書きでの記述が主流であった時代には、この「産能大式フローチャート」記号を用いた「物流線」「情報流線」をしっかりと描き分けていました。手書き記述に当たっては、線路図状の「物流線」を記載するのは、二重線を引いて適度な間隔で塗りつぶすだけで済んだからです。しかしWindows95の登場により企業や自治体の業務にパソコンが浸透した2000年前後からは、フローチャートに特化した専用ソフトが導入されていない現場が多かったこともあり、この線路図状の「物流線」の記述がかえって面倒であることからシステムフローチャートの簡易記述に流れることも多くなりました。特に短期間で多くの企業が自社の重要な業務フローチャートを網羅的に作成しなければならなかった「J-SOX」導入期や、タイミングを逸せずに新興市場へのスピード上場を目指す2000年代初頭の株式上場ラッシュ時に、システムフローチャートのみで業務記述を行う企業が多くなってしまいました。運用当初は問題なかったものの、作成時に効率性を求めたが故に監査時の網羅性が不完全となり、後の不備や不正につながった感もあります。

　「業務フローチャート」の作成はもちろん網羅性を持って正確に行うべきもの

ですが、この作成に時間がかかり過ぎることが原因で業務効率や品質を低下させてはなりません。「産能大式フローチャート」の実運用に当たっては、「鉄道線路図」を記述するこが目的ではなく「モノ」の流れと「情報」の流れを明示的に分けて記述することが重要となります。したがって、フローチャート専用ソフトが導入されておらず、EXCEL等のOfficeソフトで作成する場合には、下図のように太い実線で記述しても問題ありません。本書のサンプルフローチャートも、ダウンロード版も含めてこの記述を行っています。

「鉄道線路図」の記載が煩雑な場合は、
「太実線」でモノの流れを記述しても問題ない

　実運用におけるポイントは「可視化」の原点である「誰でも一目で見て、誤解なく共通の理解を得られる」にあります。線の太さで差をつける場合には、誇張するくらい太さに差をつけてもよいと思われます。場合によっては二重線とすることも効果的です。タブレットやスマートフォン等の携帯カラー端末が普及したこともあり、色分けして運用されている企業もありますが、グローバル・サプライチェーンの構築や、新たな地域に新規に工場や事業所を立ち上げる際には、電力事情や電波事情により電子端末の利用よりも印刷物の利用が主となる場合もあります。したがって、色分けされている場合であっても、モノクロ印刷されることを意識して線種や太さの差別化による「可視化」が望ましいと思われます。

3 内部取引と外部取引の明示化

　株式上場審査や内部統制監査で特に問題となる不備・不正は、企業や自治体の組織外部へ在庫品や資金という資産が流出することが原因となります。組織「内部」での移動であれば大きな社会問題となることを未然に防ぎ対処することが可能な場合もありますが、一度「外部」に流出した場合には大きな社会問題

となることは当然として、追跡調査が極めて困難となるため対策を講じられなくなるリスクもあります。したがって、業務記述においては組織「内部」での取引と、組織「外部」へ流出する取引を明示的に区別して記述する必要があります。

コンピュータプログラム作成目的のシステムフローチャートはプログラムの内部処理を記述するのが主であるのに対し、「産能大式フローチャート」に代表される業務フローチャート記述では必ず部署（社内部署だけでなく、仕入先や販売先を含めた外部取引先を含む）を明記した記述となります。

記述のしやすさや一覧性の良さから横方向に作成されることの多い業務フローチャートですが、見出し部に必ず部署名を入れています。部署間を「モノ」「カネ」が渡る様子が一目でわかる構造となっています。さらに、部署の記述に関しては、組織内部署は中央部にまとめて記述し、外部取引先を上枠・下枠に記載するように作成すれば、より一覧性が増します。

フローチャート作成においては、できるだけ「左→右」「上→下」と流れる動線とするのが望ましいので、仕入先や受注先等を上部、販売先や納品先を下部に記載すると見やすくなります。実務においては「受注先」＝「納品先」となる場合や、仕入先よりも販売先のほうが重要となる場合もあるので、「方法論」としての目安として考え、実務に合った形で運用しても問題ありません。しかし、必ず組織「内部」と組織「外部」は明示的に分ける記述が必要です。これさえ徹底できれば、審査や監査で優先して確認すべきポイントを早期に確定できるので、不備・不正を未然に防ぐことに貢献します。

４ 承認（Ⓢ）

組織の不備・不正防止に関しては「外部」取引を重視する必要があると記しましたが、それだけでは十分ではありません。高額な資産の購入や情報の提供に当たっては、必ず組織における責任者の「承認」が必要です。企業や自治体組織では「決裁」（金額支払いの決済との違いに注意）や「稟議」「専決」等の言葉が使われることもあります。この「承認」の下に外部との取引が行われてい

るかが審査や監査の重要ポイントとなります。

　「産能大式フローチャート」が特に重宝される理由の1つが、この「承認」に関する記号を初期段階から導入していたことです。「承認」記号は以下のとおりです。

記号	意味	説明
Ⓢ	承認	権限責任者が、案件について「決裁」など承認を行うことを示す記号。SはSignまたはSignature（署名）の略。これに検査の□を組み合わせたもの

　菱形図形「◇」の中に「S」のアルファベット文字が融合された記号となっています。この記号ですが、モノの記号である「□」を傾けて調べるという意味で「◇」が採用されています。さらに、調べた結果を「承認」する代表的な行為である「署名」（SignまたはSignature）の頭文字である「S」を融合させています。非常に使用実績の高い記号であり、業務フローチャートに精通した方に浸透しているものです。

　フローチャートで可視化された業務をチェックする際には、まずは「モノ」「カネ」の資産項目が「外部」に出るとき、この「◈」の有無に注目します。コンピュータプログラムのシステムフローチャートは優れた技法ではありますが、システムフローチャートに長けた技術者の方が業務コンサルティングを手掛ける際には、是非この「◈」記号についてしっかり押さえていただきたいと思います。「外部」とのやり取りで問題となるのは資産項目だけでなく、「情報」も含まれます。「情報」提供においても「◈」の有無を確認することで運用体制不備の早期発見が可能となります。

　審査や監査の実務では、「◈」の有無の次に、この「◈」が適切な部署の適切な職位により実行されているかを確認することとなります。組織には「決裁権限規定」「承認ルール」等の規則がありますので、この規則を「産能大式フローチャート」で「可視化」することで、難解な文書ではチェックしきれなかった決裁権限規程や承認ルールの不備を発見することが可能となります。

　悪しき文化かのように取り上げられることの多いものの1つに「日本の
ハンコ文化」があります。テレワーク推奨の中でも話題になったキーワー
ドです。「不正取得」「横領」「情報流出」等の不祥事が起こった際の報道で
は、多くのハンコが押されているにもかかわらず問題発見できなかったと
報道されることもあります。この多くのハンコですが、全てが「決裁」「承
認」の証しと誤解されている場合もありますが、実際にはそうではありま
せん。

　この誤解は、日本に限らず、グローバルビジネスでの業務手続にもある
「決裁」と「回議」が混同されていることから生じます。下表にその違いを
記します。

行為	記号	意味	電子メール運用
決裁	Ⓢ	案件の内容に対して、責任を持って意思決定した証しとしての押印。	「宛先」「To」受信者に責任を持った返答を求める。
回議	Ⓕ	関連する部署に「参考情報」または「助言依頼」「形式確認」程度の意味で通知し、その情報を受け取ったことの証しとしての押印。意思決定には関与していない。	「写」「CC」受信者に閲覧・返答を強制しない。

　「決裁」とは、その名の通り案件の内容に対して責任を持って意思決定す
る行為を言います。決裁の証しとしてハンコを用いる場合は、「決裁者」の
ハンコ1つだけで問題ありません。業務フローチャートで可視化する際に
も、多くのハンコ欄があったとしても「Ⓢ」として記述するのは「決裁」
工程のみとなります。では、それ以外のハンコは何を示すのでしょうか？
これは一般に企業で「回議」と言われているものです。「回議」は責任を
持って意思決定するのではなく、関連があると思わる方への周知やアドバ
イスを求め、意思決定者が案件の内容に集中できるように形式的な不備を
事前に整備する工程を意味します。

　役員決裁の案件であったとしても、実際に資料を作成するのは現場で実務を行う担当者です。担当者が記載した文書に書式や誤字脱字の不備があったり、専門的過ぎてわかりにくい表現があった場合、役員の貴重な時間を使った意思決定としては不適切となります。そのため、直属上司が不備を確認して訂正を行い、整備された資料を役員が検討できるようにします。この訂正を行ったという意味でハンコを押すことになります。

　そのほか、意思決定を仰ぎたい案件が既に他部署で決裁承認済みであったり、関連部署のアドバイスを受けておきたい、またはこの案件を先行して行っているので他部署でも利用していただけますよと周知しておきたい場合もあります。

　全員のスケジュールを合わせて会議体で確認作業を行うのではなく、文書の回覧で行うほうが効率的な場合には、このように「回議」という手法で文書を回覧し、そこに「回議」済みのハンコを押すという運用です。電子メールを活用する場合は、意思決定者や必ず内容確認を求めたい相手は「宛先（TO）」に記し、内容を知っておいてもらえればよい相手については「写（CC）」と分けて運用しています。このように、「決裁」と「回議」は日本のハンコ文化に限られたものではなく、電子メールを活用したグローバルビジネスでも行われているものです。

　業務フローチャート作成においては、全ての押印欄を「⑤」で記述すると重要性を取り違えて正しい評価を行えない可能性があるので、ヒアリングや規程の精査でしっかりと実情を押さえて「決裁」部分のみ「⑤」と記述します。「役員決裁」「部長決裁」「課長決裁」など、実務では最終決裁者の職位で案件が分類されています。部長決裁の場合は部長の押印のみ「⑤」とするのが適切な可視化アプローチです。

　職位の場合は、一般に異なる職位複数に「⑤」を用いることはありませんが、複合要件で決裁を行う場合もあります。新しい商品やサービスを開発する場合は、「品質」「コスト」「調達期間」「保守・修理」等の複数の要件を充足して「決裁」となります。この場合は「品質」面での決裁者、「コスト」面での決裁者と複数の「⑤」を可視化して記すことになります。決裁

手順においても、「品質」→「コスト」→「調達期間」→「保守・修理」と順を追って決裁することが重要な場合と、そうでない場合があります。製造業では「A評価」「B評価」「C評価」「D評価」と工程順を明記している決裁フローもあり、その場合は可視化もこの順番で行う必要があります。しかし、順番は特に重要でなく、最終的に4条件を満たせばよい場合もあります。この場合に順番を固定してしまうと、前段階の決裁者が長期不在となった場合は次段階へ情報伝達が遅延し、結果として業務停滞やビジネスチャンスを逸する危険性があります。したがって、このような場合には並行可能な業務フローとして記載するか、「決裁プロセス」とボックス表記にした上で別紙に「決裁プロセス」を詳述する方法が有効です。

　この運用も電子メールや電子メールを活用したワークフローシステムとして、グローバルビジネスでも取り入れられているものです。電子メールの発信においては、「宛先（TO)」は複数の相手を指定することが可能であり、これは同時並行が可能な運用となっています。またワークフローシステムにおいては、前段階の承認決裁が行われないと次段階に案件が流れない制御が可能となっています。このように、ハンコ文化を電子化するに当たっても、そもそもそのハンコは「決裁」なのか「回議」なのか、また「決裁」に順番は必須なのかをしっかり確認して行わないと業務改善や業務改革には貢献しません。この問題を抽出するためにも業務フローチャートによる可視化は有効となります。業務フローチャートに記述する際に疑問が生じたり、重複記述が発生するのは、実際の業務が非効率であるか、ヒアリングがしっかり行えていないということになるからです。

5 保存（▽）記号

　国会審議でも問題として取り上げられることの多くなった「文書保存」の問題。近年では「ブロックチェーン」という情報技術による文書の履歴管理の導入も始まっていますが、まだ紙ベースの文書を決裁承認資料や取引の証憑として用いている場合が多く、特に上場準備段階の中堅企業や地方自治体は紙ベースの文書管理が主であることが一般的です。文書管理の不備やそれに基づく不正が発生するのは、決裁証明や証憑類が適切に保存管理されていないことが原因です。これを未然に防ぐことも「業務フローチャート」による可視化の目的の一つです。

　システムフローチャートの場合は主に処理過程を記述することが目的であり、処理結果の保存を意識した記号が適用されない場合もあります。「産能大式フローチャート」が重宝される理由として「承認（Ⓢ）」について述べましたが、これと同じく重要な記号となるのが「保存（▽）」です。この記号の由来は、紙ベース書類が山のように積み上げられた状態（△）をひっくり返すことで処理された書類を保存するイメージを表現したと理解すれば覚えやすいと思います。

　業務フローチャートによる可視化を行った結果、決裁書類や重要な取引の証憑が最終的に「▽」の状態になっているか確認することで、業務設計上の不備を発見することができます。

記号	意味	説明
▽	保存	頻繁に出し入れする業務手続の途中工程には用いられない記号。「一時保管」は二重線で作図し、明示的に「▽」と区別して運用する。資産項目やマスター情報、長期保存が義務付けられている証憑類に関しては、最終的にこの記号で流れが完結していることが望ましい。
▽	一時保管	書類の山（△）を逆さにした不安定な状態から「一時保管」を意味する記号として制定された。業務手続上の「一時保管」と倉庫やマスター等への最終「保存」と区別するため、二重線で作図している。

　この記号も手書きテンプレート時代から多用されている長期の運用実績のあ

る記号なので、審査や監査のベテランが重視しています。文書保存に関する記号が標準整備されている上、長期間の運用実績に基づき広く認識されていることも「産能大式フローチャート」の強みと言えます。

6 文書の「正」「副」の明示および転記記号

(1) 文書の「正」「副」の明示

　重要文書や証憑管理手続きに関しては「保存（▽）」だけでは不十分となります。取引に関する書類は、企業や自治体が証憑として保存する目的だけでなく、取引相手（仕入先や販売顧客）に対して控や納品書・請求書として渡すものもあるからです。実務においては紙ベースであってもつづり伝票や複写伝票という形式で1枚目に記入した内容がそのままカーボンコピーで2枚目以降に複写されるものがあるように、実際の業務においては「証憑」として保存すべき「原本」と、取引先や関連部署に渡す「副本」が存在します。これは契約書も同じであり、「正本」「副本」として自分用と相手用を作成するのと同じです。この「正」「副」をしっかりと押さえ、重要となる「正本」に関して適切な管理が行われ、最終的な決裁者と保管部門を可視化することで不正を未然に防ぐ業務設計が可能となります。この可視化においても「産能大式フローチャート」に代表される業務フローチャート記号が活躍します。代表的な記号は以下の通りです。

記号	意味	説明
□	業務手続中で新たに現れた文書（帳票）	業務手続きの中で、初めてその文書（帳票）が現れたときには、長方形をタテ長にした記号を用いる。この長方形の中に、該当の帳票名をタテ書きする。情報発生時点の原始帳票を示すことになるので、証憑や保存情報の精度、不正防止チェックの観点から重要な記号となる。
◯	2度目以降に現れた文書（帳票）	既に図示されている文書（帳票）が、再び図表上に現れたときに用いる。これを通称「タンザク」と言っている。このタンザクの中にその文書（帳票）名を書き入れる。この記号の運用により、原始帳票を一目で確認できる上、不要な文書のやり取りも明確化できる。
──	文書（帳票）の流れ線	文書（帳票）の動きを示すには、実線を使う。この線上に作業関係の各種記号を添える、または注記を添えることにより、様々な業務手続を「可視化」することが可能となる。

　情報流出対策も考慮した文書管理においては、正本からコピーして作成される副本であっても、その発行に対して承認手続きが行われている必要があります。「産能大式フローチャート」では、「正」「副」、「原紙」「控」を以下のように図式化して運用します。

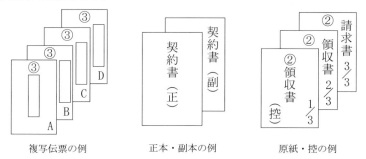

　　複写伝票の例　　　　　正本・副本の例　　　　　原紙・控の例

　これにより、複写式で正・副が作成された書類について、「副が取引先に渡され、正が総務部門にて文書管理番号の発行および台帳記入の上で、保存される」等の業務手続きを可視化することが可能となります。正本を明示的に区別することで、最終保存までの動きを追跡検証することができ、不備のない業務運用を確認できます。

（2）転記記号

　正本の運用ですが、必ずしも最初に作成された原紙がそのまま保存されるのではなく、経年劣化を防ぐためにPDF形式等に電子化される場合や、コンピュータシステムにデータ入力される場合もあります。この作業を「転記」と言います。文書管理やデータ管理においては、発生元となる最初の原紙からどのような段階を経て最終保存状態に至ったかを追跡できる必要があります。この一貫した作業を記述できる記号が整備されていることも「産能大式フローチャート」の強みです。

　「転記」は正本の保存媒体の変換だけではなく、現場で発生した取引伝票を台帳記入したり、請求書発行のために情報記入するためにも行われます。複写伝票やコンピュータによる一元管理であれば転記ミスによる情報の誤謬はありませんが、これが手書き記入や別途データ入力となると情報の誤記・誤入力や欠落が発生してしまい、保存証憑の信頼性に影響を与えます。さらに故意の改ざんの余地も発生し、不正の温床ともなりかねません。この原因となる「転記」を可視化させる記号も「産能大式フローチャート」には標準整備されており、こちらも長年の運用実績により広く浸透しています。代表的な記号は以下の通りです。

記号	意味	説明
─○◎─	転記	顧客の作成した原票から契約書式を作成したり、伝票を台帳記入（コンピュータ入力も含む）する作業を示す記号。「○」から「◎」に情報が「転記」されることを示す。この工程が多いほど情報欠落や誤謬リスクが高まり、業務効率も低下する。この記号を重点的にチェックすることで、業務改善のみではなく精度向上にも貢献する。
─◇◇─	照合	2つの異なる文書（帳票）の内容を突合確認することを示す記号。隣接している◇の流れ線を追うことで、照合する文書が特定できる、照合元が原本でなく孫引きになっていたり、照合すべき情報項目の信頼性を「可視化」して確認することができ、効率化よりも業務手続き自体を見直す改革にも貢献する。

　「転記」は取引現場と組織本部が離れていたり、電子機器による遠隔入力が困

難な運用環境等もあり、業務によっては必ず発生せざるを得ない場合もあります。このような場合は、最終保存形式の文書だけでなく、転記元となった最初に情報が発生した文書（原始帳票）も証憑として保存される体制を整備しておかないと、故意または過失による不祥事の追跡調査が不可能となります。このような問題を抽出するためにも「産能大式フローチャート」記号を用いた業務の可視化は効果を発揮します。

　業務改善や業務改革においては、重要情報を含む取引について一連の流れを業務フローチャートで可視化し、その発生から最終保存までの工程における転記記号に着目します。転記記号の数だけ情報欠落や誤情報のリスクがあるので、不必要な転記作業は廃止または統合し、現状の業務手続では統廃合できない転記作業はデジタル化や電子機器を用いた業務改革の検討対象とするアプローチを取っています。

第4章
基礎編

本章は基本的な約束事の説明から始まり、実際に業務フローチャートを作成する方法について解説します。

Ⅱ 工程記号の解説

１ 工程と工程記号

業務には「行う順序・方法・手順」があり、一般にこれを業務「手続き」と呼んでいます。受注生産業務の場合、顧客に製品情報を提示し、それに基づく顧客の要望を検討し、品質や価格・納期について打ち合わせを行った後に見積もりを確定し、受注契約を交わした後に生産に入ります。企業や自治体の業務は、このような手続きを遂行することで達成されます。

この「手続き」は「事務」と呼ばれることもありますが、作業ごとに専門的な作業や設備機器等が変化する「ものづくり」においては「工程」と呼ばれています。業務手続をフローチャートによって「可視化」して効率化につなげる取り組みは「ものづくり」が先行していたこともあり、各作業を可視化する記号を「工程記号」と呼びます。

産能大式フローチャートで用いられる主な「工程記号」は表の通りです。

基本記号	◯　作　　業	◯ 運び	△ 留め置き	☐ 検査
詳細記号	Ⓟ 新規帳票の準備 Ⓕ 記入する ⊗ 集める ⊗ 仕分け分類 ❋ 2つ以上の部署に分ける ◎ 連絡会議 計算する Ⓔ 省略 ▽ 一時保管の帳票を取り出す ▽ 保存の帳票を取り出す	Ⓟ 各自が運ぶ Ⓜ 社内便で運ぶ 〒 郵送する	△ 受け取る ▽ 一時保管 ▽ 保存 ▼ 廃棄	◇ 内容の検査 照合 点検 ☐ 数量の検査 枚数を調べる Ⓢ 承認・決裁し捺印する 線の区分 ―――― 帳票の流れ線 ▬▬▬ 現物の流れ線 - - - - - 関連線
帳票記号	① 初めて手続きに現れた帳票（1枚のもの）	① ←索引番号　① 初めて手続きに現れた帳票（複写のもの）　B→ A→複写記号		① 2度目以後に現れた帳票（複数のときはその枚数を重ねる）
現物記号	現　品		現　金	

2 工程記号の解説

　工程記号の基本形は、〈作業〉・〈運搬〉を表す「〇」、〈停滞〉を表す「△」、〈検査〉を表す「□」の3つから成り立っています。この基本形に文字や記号を入れ、特定の作業内容を意味付けて記号化しています。

　パソコンが普及する前のテンプレート定規による手書き作図が中心であった時代には、〈作業〉の「〇」と〈運搬〉の「〇」を大きさで区別して記述し、〈作業〉は大きな「〇」、〈運搬〉は小さな「〇」で記述していました。この理由は、記号の由来を示して覚えやすくすることです。しかし、パソコンが普及してOfficeソフト等で作図することが中心となった現在では、大小の〇図形を区別して使用する煩雑さと、印刷した際に記号が小さくなることを避ける意味もあり、〈作業〉・〈運搬〉ともに同じ大きさの「〇」記号を用いることが多くなっています。

　前述の通り、「産能大フローチャート」は方法論であり厳格な規則ではありません。記号の示す本来の意味が正しく伝わる範囲であれば導入現場で最も効率的な運用をしても問題ありません。

①　〈作業工程〉記号の解説

　〈作業工程〉記号は大きな「〇」が基本形となっています。この「〇」の由来は、グルグルと回っている活動状態です。フライホイールや歯車等の回転を記号化したものであり、継続的な活動状態の表現として覚えやすい「〇」が採用されました。

　以下に、人が行う事務作業を中心とした代表的な記号について記します。

記号	意味	説明
Ⓟ	新規帳票を準備する	Pは、Prepare（準備する）の略である。まだ1度も記入したことのない帳票を処理するために用意するという場合に用いる。既に記入済みで一時保管している帳票を取り出すときは、後述する別の記号を用いる。 業務手続の最初に登場する、発生時点の原始帳票を確認できるので、この記号は省略せずに活用したほうが業務フローの検証がやりやすくなる。
Ⓕ	記入する押印する	Fは、Fill in（書き込む）の頭文字である。筆記用具を用いた記入のほか、パソコン作成された文書のプリント出力、作業確認印や工程スタンプ等の押印も含め、帳票記録を行う際に本記号を用いる。 逐次確認が必要となる現場業務の手順書やマニュアル作成に有効な記号となる。
Ⓔ	図示の省略	Eは、Extend（伸びる）または Eliminate（省略する）の頭文字である。モノや情報の流れを示す直線の前後に記入する。手続きとしては前工程・後工程が存在するが「その図示を省略する」ことを表示したいときに用いる。
⊗	集める	○の中の記号は、井桁に組み立てた形を表している。2枚以上の帳票を一緒に集めるということを意味している。たとえば、甲伝票と乙台帳とを一括して上長の検印を受ける場合や、A票・B票をクリップ・ホッチキスなどで留めるような、集める作業を表す。
⊘	仕分ける分類する	集める記号の井桁の1本を除いた形である。意味は、集めた帳票を仕分け・分類する場合の作業を表す。たとえば集まった伝票を得意先別とか月日順に分類・整理するようなときに用いる。この記号の近くの空白にどのように分類したか注記を入れると汎用性のある記号として使える。
⊛	2つ以上の部課に帳票を分ける	本記号は、2つ以上の部・課・係に帳票類を渡す場合の作業を表す。作図では部課別に区分線を引くが、その組織区分線を越えて他の部署に帳票を配布するときに用いる。
⊜	計算する	○の中の符号は、ソロバンの玉を表している。この記号を用いるのは、特に目立った計算事務を行う場合に限っている。たとえば、何枚もの伝票を集計したり、電卓やパソコンなどを使って計算．検算するような場合である。したがって1枚の伝票の中の合計欄を記入するような簡単な計算には用いない。

◎	会議・面談・通信連絡	○の中の小さい丸は、口の形、または電話等の通信機器を示している。記号の意味は、口頭での情報伝達の場合を示す。たとえば会議、面談、電話連絡などといった場合の連絡や打ち合わせには、全てこの記号を用いる。
▽ (○内)	一時保管の帳票を取り出す	○の中の符号は、文書の一時保管の状態を表している。これを、作業の意味の○と組み合わせることで、「一時保管の文書を取り出す」という意味を持たせている。既に記入された伝票や継続的に使用されている台帳・帳簿を取り出すときは、全てこの記号を用いる。
▽ (○内)	保存文書を取り出す	▽の符号は、文書の保存の状態を表す。書庫などに入れた文書を取り出すときに本記号を用いる。日常業務のフローチャートには登場しない記号であるが、保存されている原本の取り出しを追跡し、その後の返却保存確認を行う意味でも重要な記号となるので、省略せずに記入するのが効果的である。
○	上記以外の作業の記述	上記に定める作業以外の稀に発生する作業を記号化する際に用いる、〈作業工程〉の基本となる「○」の中に、作業内容を示す文字（略称・頭文字など）を記入して記号化する。他の記号を無理に覚えなくとも、凡例に記載する前提であれば「○」の中に文字を記入した記号として運用しても問題ない。
Ⓢ	承認印を押す ⇒検査記号としても使用	決裁などで責任者が案件を意思決定した証として押印する場合の記号である。「○」の中のSはSignまたはSignature（署名）の略である。これに検査の□を組み合わせたもの。「産能大式フローチャート」における最も重要な記号の一つであり、省略や他の記号で代替することは避けたい。本記号の有無、記号の位置が審査・監査の重要なチェックポイントとなる。

② 〈運搬工程〉記号の解説

　〈運搬工程〉記号は小さな「○」が基本形となっています。前述の通り、テンプレート定規での作図が中心であった時代には〈作業工程〉の「○」と〈運搬工程〉の「○」の大きさを変えて区別して表記していましたが、パソコンのOfficeソフト等で作図するに当たっては無理に大きさを変える必要はありません。記号の意味が正しく伝わるようであれば、現場環境に最適な運用を採用します。ここでは記号の由来を知っていただくために、小さな「○」を前提に説

明します。

　〈運搬記号〉の「○」は、物の位置の変化を示し、移動・運搬を表す記号として用いられています。この記号は、ボールベアリングの玉のようにコロコロと転がる物が由来となっており、そのため小さな「○」で表現していました。

　代表的な3つの記号と、それ以外の運搬方法の記述ルールについて以下に示します。図中の説明にある通り、運搬手段を明記して記述する必要がある場合は、基本形の「○」の中に作業内容を表す言葉の頭文字、もしくは記号のワキに運搬手段名を併記することで対応可能です。デジタル商材の運搬に関しても、このルールを適用して問題ありません。

記号	意味	説明
〒	郵送する	〒は郵便局のマークを示している。これを運搬の「○」と組み合わせ、公共サービスや専門事業者のサービスを利用して文書等を「郵送する」という意味で用いる。
Ⓟ	各自が運ぶ	Pという符号は、Personal（本人自らの）の頭文字である。記号の意味は、作業者自らが運搬することを示している。
Ⓜ	社内便で運ぶ	公共サービスや外部事業者の専門サービスではなく、組織内の配送サービスを活用して運搬する場合に用いる。「社内便」と呼ばれる、事業所間の定期運搬サービスであり、過去にあった「Mailboy」制度の頭文字Mを符号として採用している。
○	その他の運搬	上記以外の手段で運搬する場合に用いる。運搬の「○」の中に運搬手段の頭文字、もしくはワキに注記として併記する。近年ではこちらの記号で各種サービスを併記する運用のほうが一般的である。

③ 〈停滞工程〉記号の解説

　〈停滞工程〉記号は「△」を基本形としています。この「△」は、物が積み上げて置かれた状態を示しています。米俵を積んだ形、ピラミッド、ぼた山等を想像してもらえれば「△」で記号化されたイメージが伝わりやすいと思います。多くの物が1カ所に積み上がっている状態から〈停滞工程〉を表す記号となりました。「△」を逆方向にした「▽」が保存として用いられるのは、もともとは

底辺でなく頂点で支える不安な状態から「一時保管」を示す意味が由来となっています。現在では「一時保管」は二重線で記述し、永続的な「保存」とは明確な区別を行って記述するようにしています。「一時保管」と異なり、「保存」は審査・監査の観点から重要なチェックポイントとなるからです。

　代表的な記号については、以下の通りです。

記号	意味	説明
△	受け取る	文書・帳票を「受け取る」という意味で用いる。A部門からB部門等、異なる部門間で文書・帳票の受け渡しがあった場合、必ず最初にこの記号を用いる。逆に、部門別の区分線内の受け渡しの場合には用いない。証憑や重要情報の移転が発生した時点を追跡できるため、省略せずに記述することが望ましい記号である。
▽	一時保管	不安定な状態を示す「下向きの三角形」の記号から「一時保管」を意味する記号として制定された。現在では二重線を用いた逆三角形の記号として記述し、永続的な「保存」と明確に区別して運用している。
▽	保存	同じく不安定な状態を示す「下向きの三角形」であるが、永続的な「保存」を示す記号として運用する。重要な資産や、マスターとなる情報に関しては、流れ線の最後が本記号で終わっているかを確認することで、業務設計の不備を早期に発見することに貢献する。
▼	廃棄	逆三角形の内部を塗りつぶすことで、「廃棄」を意味する。役目を終えた帳票を破り捨てる等の意味で用いているが、廃棄証明提出が法的に義務付けられているものや、重要な情報機器の廃棄等の業務手続について確認できるため、省略しないだけでなく廃棄方法も併記して記述するのが望ましい記号である。

④ 〈検査工程〉記号の解説

　〈検査工程〉記号は「□」を基本形としています。「□」は「重箱のスミをつつく」という言葉がある通り、几帳面に隅々まで詳細に調べるという意味から来ています。業務の「可視化」記号として採用した当初は、「□」は主に「量」を検査する意味として用いられていました。上場審査や内部統制監査でも重視

されることの多い「◇」は、元は重箱を回して別の角度から調べるという意味で用いられていました。内容を綿密に調べるという意味では「量」だけでなく「質」のチェックにも適用することができ、現在では物品の量や寸法等をチェックするだけでなく、審査案件の内容チェックや承認記号としても使われています。

　以下に代表的な〈検査工程〉記号の説明を示します。

記号	意味	説明
◇	内容の検査 （照合・点検）	「□」が示すモノを傾けて確認するという記号であり、質の検査を意味する記号として制定されている。文書の内容検討を意味することから、案件承認記号の基本記号として用いられたり、「◇」を隣接させてA帳票とB帳票の照合確認等の記号としても用いられる。
□	量の検査 （枚数確認等）	量の検査を意味する記号として制定されている。伝票枚数を数えたり、納品数量を数える場合に用いる。記載されている数字のチェックや、納品物の品質確認等は質の確認となるので、本記号でなく「◇」を用いる。
Ⓢ	承認印・検印・決裁などを伴う検査	この記号は、質の検査を意味する「◇」と承認行為を意味する「S」の組み合わせとなっている。Sは、SignまたはSignatureの頭文字である。「○」は作業を表し、この記号は「決裁承認」「検収」などの意味で用いられる。「産能大式フローチャート」の最も重要な記号の一つであり、審査・監査における重点チェックポイントともなるので、省略や濫用のない適切な記載が望ましい。工程記号としても、検査記号としても用いられる重要な記号である。

⑤ 〈帳票記号〉の解説

　デジタル技術が浸透し電子帳票やペーパーレス運用も多くなった現在であっても、取引発生時点の「原始帳票」としては紙媒体が多く用いられています。実運用においては電子化情報が主として取り扱われるとしても、その情報の信憑性を確認するには発生時点の「原始データ」が重要であり、業務フローチャートでは「原始データ」を明らかにするため〈帳票記号〉は大きな意味を持って

用いられています。

　情報の信憑性や、不備や不正のない業務設計を行うためにも、「帳票」は情報が初めて発生する「原始帳票」を明確にするよう記述することが大切です。そのため、最初に現れたときと、2回目以降に現れたときは明確に異なる記号として表記します。一目見て重要なチェックポイントが明らかとなるようにするのが「可視化」の目的であり、これを重視した「産能大式フローチャート」の特徴ともなる記号です。主な〈帳票記号〉について、以下に示します。

記号	意味	説明
（長方形タテ長）	業務手続中で新たに現れた文書（帳票）	業務手続きの中で、初めてその文書（帳票）が現れたときには、長方形をタテ長にした記号を用いる。この長方形の中に、該当の帳票名をタテ書きする。情報発生時点の原始帳票を示すことになるので、証憑や保管情報の精度、不正防止チェックの観点から重要な記号となる。
（タンザク）	2度目以降に現れた文書（帳票）	既に図示されている文書（帳票）が、再び図表上に現れたときに用いる。これを通称「タンザク」と言っている。このタンザクの中にその文書（帳票）名を書き入れる。この記号の運用により、原始帳票を一目で確認できる上、不要な文書のやり取りも明確化できる。
――	文書（帳票）の流れ線	文書（帳票）の動きを示すには、実線を使う。この線上に作業関係の各種記号を添える、または注記を添えることにより、様々な業務手続を「可視化」することが可能となる。

⑥　〈現品・現金記号〉の解説

　株式上場審査や内部統制監査で重視されるのは、帳簿上の数値と実際の「モノ」「カネ」の所在が一致していることです。そのためにも、業務フローチャートによる「可視化」においては、帳票等の「情報」の流れと同時に、明確にわかるように「モノ」「カネ」を図示する必要があります。重要な資産項目を帳簿と照合する等に用いられている代表的な記号について、以下に示します。

記号	意味	説明
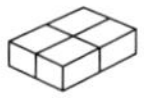	現品	現品は、図のような包装した荷物の形で表す。これを現品の動きの線の最初と最後に記入する。
	現金	現金は、図のような金袋で表す。現品と同様に、現金の動きの線の最初と最後に記入する。
	現品・現金の動き線	現物の動きは、図のような鉄道線路で示す。あまり太くすると中の黒縞を塗りつぶすのに手間がかかる。上下の線幅は1mmくらいにすると、太い芯の鉛筆で1度塗るだけで済む。手書きテンプレートではこの方法で作図してきたが、Office ソフトで作図する際は太い実線で作図しても構わない。

Ⅱ 作図方法の解説

　ここでは、Ⅰ項で説明した記号を用いて実際に作図する方法について説明します。

　業務フローチャートを作成する際の部門の枠取りや運用に合わせた追加記号を記す凡例を含む「作図用基本フォームの準備」と、実際に基本フォームに記号を用いて業務を記述する「基本となる作図ルール」に分けて解説を行います。

1 作図用基本フォームの準備

① 基本フォームのデザイン

　業務フローチャートの作成に当たっては、作業の流れは「上→下」「左→右」に遷移することを意識して作図します。審査資料の提出フォーマットや印刷帳票の取り扱いやすさ、電子媒体となってもノートパソコンやタブレット機器での表示との相性が良いことにより、実務では横長のフローチャートが採用されることが多くなっています。

　ヘッダー部（またはフッター部）に、フローチャートについての項目記述スペースを取ります。中央部に業務フローを記述する対象となる部署の枠取りを行います。そして下部に、使用されている記号の意味を記す「凡例」用のスペースを取るのが一般的なフォームです。

② フローチャートについての項目記述

　フローチャートはその目的から、どの時点のものを記述したかが非常に重要です。業務改善を進める際に扱う業務フローが既に過去のものとなっていたり、まだ実現していない計画段階のものの場合もあります。さらに、部分的に実現定着しているが、まだ試行期間のため検証中の手順が一部含まれている場合もあります。そのため、記述されている業務の状態と日付は必ず見やすい場所に

記載する必要があります。バージョン管理や改善の進捗状況管理の観点からも、状態や日付の記載位置は関連するフローチャート全体で統一されている必要があります。作成者によって記載場所がまちまちとならないため、記述箇所を明示するため枠線で囲う運用も効果的です。または選択肢をあらかじめ表記しておき、それを選ばせる形式も有効と思われます。以下に記述例を示します。

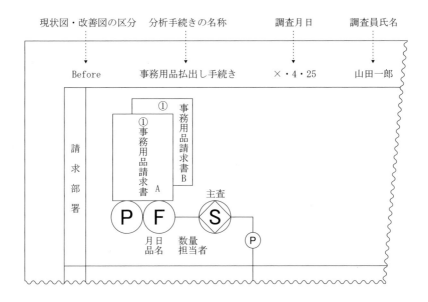

③　部署別の枠取りを行う

　記述する業務手続に登場する部署名を、見出し部に記入します。この部署名に基づいて枠取りを行います。業務手続の中でごくわずかにしか登場しない部署については、そこだけ囲み記事として記載しても構いません。記述例について以下に示します。

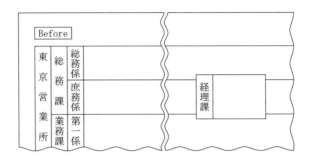

　フローチャートの記述は原則として、「上から下」「左から右」に流れるように記述します。流れ線の混乱は、万人が短時間で正しい理解を共有する「可視化」の目的を阻害することになるので、単なる見やすさだけでなく業務改善や審査業務等を滞りなく進める観点からも重要となります。

　さらに気をつけておきたいのは、審査や監査においては「社内取引」「社外取引」を厳格に区別し、資産項目の社外への移動を重点的にチェックします。そのため、部署の配置を検討する際には必ず「社内部署」を中央部に集中させ、「外部取引先」を上部・下部に配置することが効果的です。業種・業態によっては「上流工程」「下流工程」という言葉を使う場合がありますが、この言葉の示す通り業務手続の始めに発生する外部取引先（受注先・発注先等）を上部、業務手続の終盤に関わる外部取引先（納品先・支払先等）を下部に配置すると見やすいフローチャートが書きやすくなります。

　「モノ」「カネ」「情報」の流れを「Input（入力：外部からの流入）」「Process（処理：内部手続き）」「Output（出力：外部への流出）」の3ステップに大別して簡素化したモデル化を行う場合がありますが、この分類も参考にすると実務的な枠取りが行えると思います。

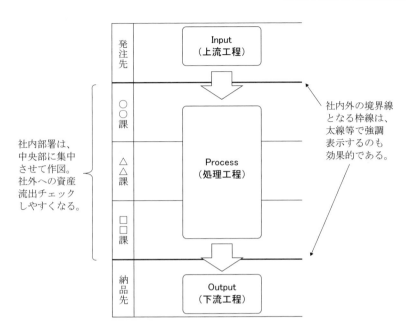

④ 記号の「凡例」を記しておく

　Ⅰ項で紹介したように、「産能大式フローチャート」には多くの記号が用意されています。しかし、一度の作図で全ての記号を使用するわけではありません。また、最新デジタル技術を活用した取引においては、「AI」「ビッグデータ」等の従来の標準記号として制定されていないものを記述したり、「マルチベンダー」と呼ばれるメーカーや販売時期の異なる複数のデジタル機器を明示的に区別して運用する取引の記述もあり得ます。この場合は、その業務フローチャートで用いられている記号の意味を示した「凡例」を添付しておくと「可視化」の効果が高まります。

　それほど多くの部署が関与せず、取引も複雑でない場合は、業務フローチャートの下部に「凡例」を記すのが一般的です。業務フローチャート記号は難解なものは少なく、補助説明が必要なものは限られていると思いますので、無理に全記号を凡例として記す必要はありません。使用頻度の高い記号、誤読防止のために説明があったほうがいい記号に絞って記載して問題ありません。

⑤　配布用テンプレートシートとしての活用

　「凡例」は「記号一覧」としても機能するので、成果物としての業務フローチャートの補助説明以上に、作成図の「記号」テンプレートとしての利用価値もあります。そのため、あえて業務フローチャートの作図ページではなく、独立したページとして「凡例」または「使用記号説明」としてまとめる場合もあります。近年はEXCEL等のOfficeソフトを用いた作図が一般的なので、枠取りを行ったシートと記号一覧シートを1ファイルにまとめ、テンプレートシートとして作図前に配布するのが一般的です。

2 基本となる作図のルール

①　組織区分線と分担業務

　業務フローチャートの基本ルールとして、組織区分線の内側は全てその部署が分担処理している仕事を表します。図のように、帳票記号の頭が区分線からはみ出ることは問題ないですが、帳票のナガレ線や工程記号が区分線からはみ出ることがないよう、注意が必要です。

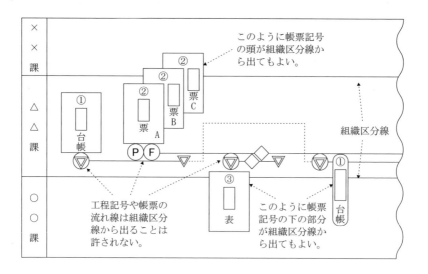

② 時間の経過と帳票のナガレ線

(1) 時間経過の基本ルール

　業務フローチャートでは、チャートの「左から右」に行くにしたがって時間が経過するものとしています。ただし、図の間隔の大小は必ずしも時間経過の大小を表していないことに注意してください。たとえば、5cm間隔の図の中に描かれた、ある作業工程が1時間かかる仕事であったとしても、他の部分の5cm間隔の図中に描かれた作業工程が必ずしも1時間とはならないということです。工程に要する時間が重要となる場合は、注記を添えることが効果的です。

　チャートの「左から右」が大原則となるため、ナガレ線を描く場合は左側に傾斜させるのではなく、必ず垂直に下ろすか右側に傾斜させるようにして下さい。

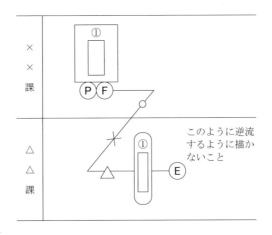

(2) 図表の垂直線上の表記ルール

　チャートの「左→右」に時間が経過するのが大原則であるため、図表の垂直線上は「ほぼ同じ時期」に行われていることを表すことになります。

　したがって、各部署が行っている作業表記の位置は、同時期に並行作業をしている場合に限って、チャート上の各組織区分線内の同じ位置に描くようにします。

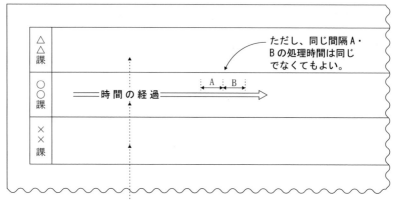

垂直線上は、ほぼ同じ時期に行われていることを表す。

（3）帳票のナガレ線と工程記号の位置

　帳票のナガレ線は、必ず工程記の中央から出て、中央に入るように描きます。工程記号をダンゴに見立てると、帳票のナガレ線がそのダンゴを串刺しにしたような形となります。

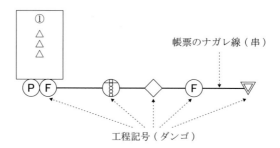

③　帳票記号

（1）索引番号・帳票名と記入位置

　帳票記号には、図のように「索引番号」「帳票名」を記入します。この索引番号は、実際に使用されている帳票の整理番号と対応させます。複写の場合は、1帳票ごとにアルファベット等の添え字を順に入れ、複写帳票であることの識別

記号（複写記号とも言う）とします。

　索引番号というのは、図表上で最初に現れた長方形の帳票記号から順に一連の番号をつけたものとなります。これは、図表上ではその帳票の様式を判別できないため、同じ帳票をまとめて様式見本と対応させられるようにするためです。帳票様式をまとめたものは「フォームブック（FormBook）」と呼ばれています。このフォームブックの帳票様式の識別番号と、図表上の索引番号を一致させておくことで、業務手続きの確認がスムーズに行うことができます。

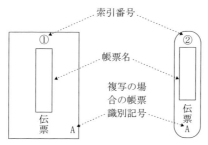

　　　（注）索引番号は、中央上部に、帳票名は縦書きで
　　　　　　中央に、複写のときの識別記号は、長方形では右
　　　　　　下、タンザクでは下に入れる。

　ノートパソコンやタブレット端末が浸透し、業務フローチャートの作図だけでなく参照までデジタルデータで行える場合は、紙ベースのフォームブックと突き合わせて確認するのではなく、フローチャート上の帳票記号にハイパーリンクを埋め込んで帳票レイアウト画面をポップアップ表示させる運用も可能です。

(2) 複写するときの表し方

　複写をする帳票は、その枚数だけ重ねて表示します。電子複写（PPC：Plain Paper Copier：普通紙を用いる複写機）のような複製をする場合も同様です。多数の複製をするような場合は、帳票記号を多く重ねて描いて作成枚数をワキに記入しておきます。

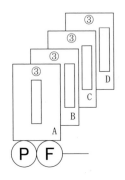

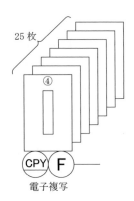

電子複写

(3) 複写でない帳票と複写帳票が混在する場合

　携帯端末の窓口業務等で多くある、つづり伝票の「控」のみ複写を行って顧客に提出する等の場合、複写でないつづり伝票と、コピー機で複写した複写伝票が混在することとなります。この事例の場合、複写伝票は各窓口の任意対応となり、全部署共通で追跡できるものとは限らない場合もあります。

　このように、複写でない帳票と複写帳票が混在する場合は、帳票は重ねて描きますが、複写でない帳票の場合は索引番号を全て変え、複写のものがあればそれは索引番号を同じにして「複写の識別記号」を入れるようにします。

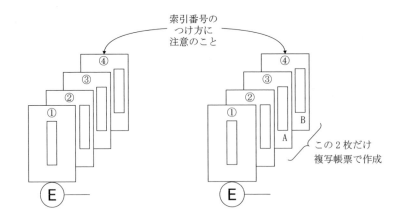

（4）連なった帳票の表し方

　実務で用いられる帳票の中では、以下のような「連なった帳票」も存在します。

・手形・小切手などのように複写ではないが、半券（控え）があるもの
・下図のように、A4サイズ用紙1枚に複数の帳票が切り離し型式で印字されているもの

　電子化が進んだ中でありながら、コンビニエンスストアでのイベントチケット発行等が進むにつれて、パソコンからの印刷と相性の良いA4サイズ1枚に複数の帳票を連ねて配置して印刷する運用が多くなっています。場合によっては金券と同じ価値を持つものもあり、この運用管理は業態によっては重要性の高い手続きとなります。

　このような、連なった伝票などの表記は、複写のときの描き方と同じようにその枚数だけ束ねて描き、さらに、たとえば、2連の場合は、1/2, 2/2、または、3連の場合は、1/3, 2/3, 3/3と帳票記号内の右下に書き添えるようにします。この書き添えの表記で、複写伝票と識別できるようになります。ただし、「FormBook」に掲載される帳票様式を示す索引番号は、同じ番号を使うことに注意してください。

　以下に記入例を示します。

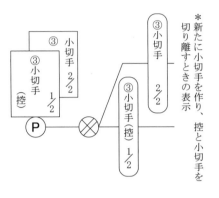

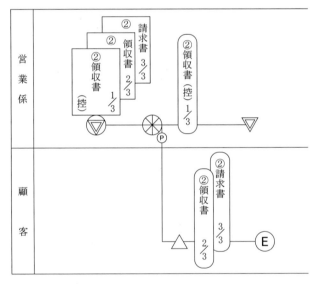

④ 事務工程記号

（1）事務工程記号の記入位置

　事務工程記号の記入位置は、新たに図示した帳票ならば、長方形の帳票記号に接触させてすぐ下または上に、2度目以降のタンザク記号ならば横に記入します。

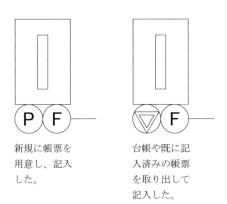
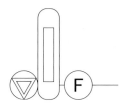

新規に帳票を
用意し、記入
した。

台帳や既に記
入済みの帳票
を取り出して
記入した。

同じ帳票が再び現れると
きは、タンザク記号を使
い、工程記号は横に並べ
る。図は帳票を取り出し
て記入したことを示す。

（2）他帳票によって転記・取り出し

　A帳票からB帳票に転記、または取り出されたりする場合には、前者のナガ
レ線（ア）に後者の事務工程記号（イ）を接触させて記述します。「接触させ
る」ことにより、前者と後者は互いにその処理が因果関係にあることを示して
います。

　記入例１．A伝票から転記する場合

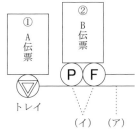

　記入例２．A伝票によって台帳を取り出し、転記する場合

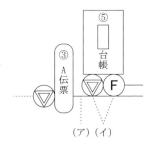

記入例３．下側に記入しても問題ありません。

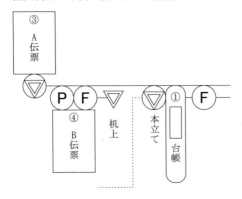

（3）作業内容の注記

　事務工程記号には、できるだけ具体的に行われる作業の内容を注記します。たとえば、どこから（例：本立て・ロッカー等）取り出したか、記入している項目内容は何か、どのような方法（例：日付別、サイズ別等）で仕分けしたか、のようにです。

　本書では過去に作成され継承されている「業務フローチャート」を読みこなせるよう、多くの工程記号を解説するようにしています。特に「デジタルトランスフォーメーション（DX）」のように、レガシーシステムと呼ばれる過去から継承されている業務システムの改革を行う場合は、この作業が必要となるからです。

　しかしそのような縛りがない場合、この注記を行うことにより重要度の低い作業工程に関しては記号を簡素化することも可能です。しかし、「承認」「保管」等の重要性の高い記号に関しては、「可視化」の目的からも簡素化することはお勧めしません。

（4）帳票の組み合わせ・分類仕分け

　帳票を組み合わせた場合や、帳票種類別に仕分け・分類を行った場合には、その後に必ずタンザクで帳票を表示します。

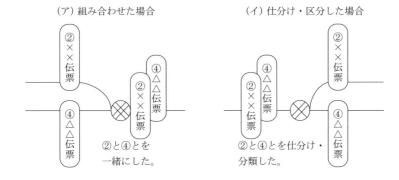

（ア）組み合わせた場合 ②と④とを一緒にした。

（イ）仕分け・区分した場合 ②と④とを仕分け・分類した。

（5）照合作業の表記

　2つ以上の帳票を照合するときは、◇（検査）の記号を相互のナガレ線に接触させて記述します。図示したように、A・Bそれぞれの帳票のナガレ線に◇を接触させます。この場合、前にある◇の帳票が照合元になります。図では、Aが照合の「元」情報として、Bを点検していることを表しています。

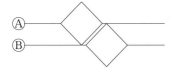

　ただし、実務では相互に照合する場合もあります。この場合は、どちらが照合する「元」情報となる帳票かを確認し、「元」帳票を前に記します。マニュアル点検作業のように、正しくそれぞれの照合の詳細を示したい場合は、図のように点検項目ごとに検査記号を別に記述すると誤読のない「可視化」となります。

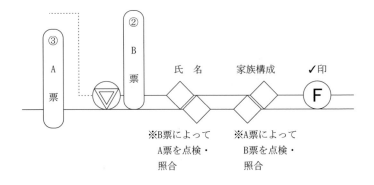

※B票によって
A票を点検・
照合

※A票によって
B票を点検・
照合

(6) 口頭による情報交換の表記

　会議・面談などの口頭の情報交換は、◎の記号を担当者別に描き、その間を図のように2本の点線でつないで表記します。電話、インターフォンなどの機器を介在させる口頭連絡の場合は、中央図のように連絡をする側の◎印の右側から1本の点線を出し、連絡を受けるの左側につなげます。帳票を用いて情報交換する場合は、帳票のナガレ線に◎を接触させて描きます。会議や重要連絡の場合は、担当者の役職名を◎に注記します。

※面談・会議など面と向かう
　場合の描き方

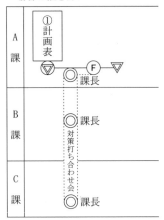

※A課長・B課長・C課長が集まっ
　て打ち合わせをしたことの表示

※電話・インターフォンなどの機器を介在させる
　場合の描き方

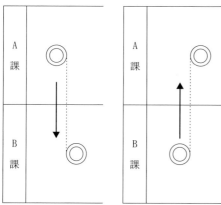

※A課からB課に電話・　　　※B課からA課に電話・
　インターフォンをか　　　　インターフォンをか
　けたことの表示　　　　　　けたことの表示

　「注文書」によってA課からB課に電話（またはインターフォン）で在庫の有
無を問い合わせ、B課が「在庫台帳」を確認してから返答する場合を例に考え
ます。オンライン台帳の様にその場ですぐ確認を取って返答できる場合もあれ
ば、時間のかかる確認作業の場合は一度電話を切ってから再度連絡となります。
前者を（ア）、後者を（イ）として表記例を示します。作図上の注意点ですが、
フローチャートの大原則が「左→右」に時間経過を示すので、同じ時系列の作
業は縦方向の位置をそろえて記述することです。

（ア）電話を切らずに返事する
　　場合の表記例

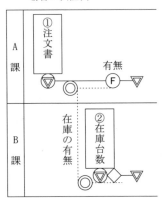

（イ）電話を一旦切ってあとで返事する
　　場合の表記例

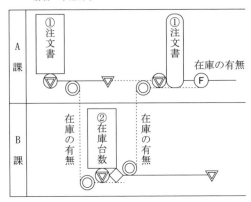

　もう一つ気をつけておきたいのが、確認後の作業記号の記述です。この例で
は、Ｂ課に確認した情報を元にＡ課が帳票に記載しています。審査や監査にお
いては、「元」情報を正確に追跡できることが重要となります。したがって、作
業記号である「◎」は必ず「元」情報となる帳票に接触させて描きます。また、
連絡を受けた内容に基づき帳票記入する場合は、図のように関連線（……）を
◎の中央から出し、その線に接触させて作業記号を記入します。これにより、
電話またはインターフォンでの連絡事項を元に帳票作成されたことを「可視化」

できます。

　作業記号の簡素化は「凡例」を添えることなどにより誤読のない範囲で行っても問題ありませんが、情報の流れを示すナガレ線についてはしっかりと意識して記述することが大切です。

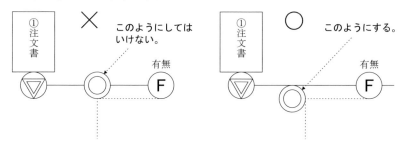

（7）決裁作業の表記

　承認印・検印の記号は、その組織区分線外に所属する決裁者の場合は段階をつけて描き、決裁者名を注記します。

　図の（ア）では、区分線が「係」単位となっている場合は「課長」「部長」は段階をつけて描いています。また図の（イ）では、区分線が「課」単位となっている場合は、「部長」だけに段階をつけて描いています。

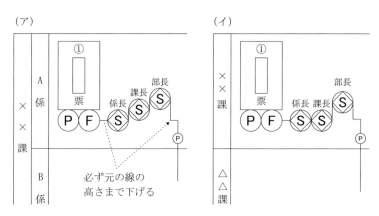

　作図の基本ルールでは、「組織区分線の内側は全てその表示された部署が処理している仕事」となっています。したがって、（ア）の場合を例に取ると、A係

となっているので、本来は「課長」「部長」はこの枠内には表記しません。しかし、ここに後工程の「課長」「部長」決裁が控えていることを記述することで、「係長」決裁のみでは案件承認されていないことを理解することが可能となります。案件内容によっては「部長」のみが決裁権限を持ち、「課長」「係長」は書式点検のみを行う場合もあります。しかし「有給休暇申請」や「人事評価」等の人に関わる案件の場合は、項目内容により各所属長が決裁を行う場合があります。これを「可視化」する場合、決裁プロセスだけのために「部」「課」等の枠取りを行うのは読み取りにくい図にもなりかねないので、「可視化」の本来目的に沿って段階を上げて隣接させることで判別しやすい記述を行っています。

　決裁承認の作業記号は、案件の内容だけでなく、物品の受領（数量・品質確認を含めた検収等の作業）でも用いられます。その記述例も示しておきます。

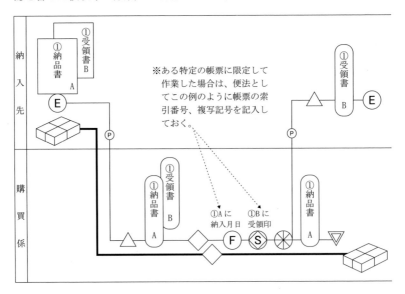

（8）帳票の取り出しの際の連結

　一度ファイルに綴じた帳票を再び取り出す場合は、記号と記号との間を点線で結ぶことで表記します。この点線を「関連線」と呼びます。関連線は下図のように必ず記号の中心と中心を結ぶように描きます。

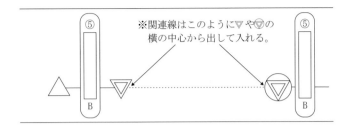

関連線を引く場合、他の帳票記号や工程記号があって真っすぐに引けない場合は、下図のように上または下に避けて空白部分に引きます。やむをえない場合は、他の組織区分を通過させて関連線を引いても構いません。

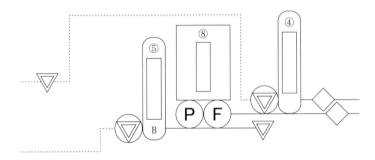

関連線は、その帳票がどのように使われたかを知るためだけでなく、原始帳票を遡って追跡できる観点からも非常に有効なものとなります。手数は増えますが、できるだけ省略せずに関連線で結びつけておくことを推奨します。

(9) 図示の省略

図示を省略する場合は、省略記号を帳票記号に添えて表示します。

工程間の省略は、下図の（ア）のように点線の上に、省略した事務作業名を注記しておきます。なお、それまでは2枚の帳票が使われていたのが、省略後の手続きでは1枚だけとなるような場合には、（ア）のように描き、別図表となる場合は（イ）のように注記します。

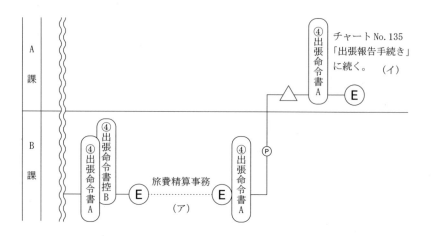

⑤ ハコビ記号（運搬工程記号）とその位置

（1）組織区分線を越えるとき

組織区分線を越えて帳票が送られるときには、必ずハコビ記号の○を縦線のところに入れます。ハコビ記号○が記入される位置によって、その意味するものが異なってきます。（ア）ではA課の者が、（イ）ではB課の者がそれぞれその帳票を運んだことを示しています。

些細なことと思われるかもしれませんが、瑕疵のない業務フロー設計や点検のためには、記入位置にも留意して記述することが重要となります。

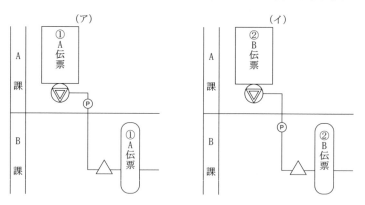

(2) 帳票受け取りの場合

　組織区分線を越えて帳票が他部署に渡される場合は、必ず、受け取り記号「△」と2度目以降に登場する帳票を意味するタンザク記号を用いて記述します。

　帳票のナガレ線は、必ず「△」の左から入れるように描きます。図の誤り例のようにならないよう注意してください。

　図の例では、A伝票を取り出し、A課がB課に運搬し、B課がこれを受け取った形となっています。後に続く作図を考慮し、組織区分線の下側4分の1程度のところに「△」を配置すると作図がやりやすくなります。

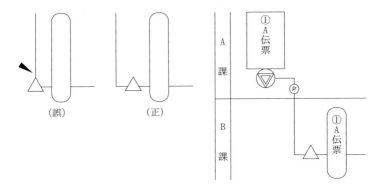

(3) 多数の帳票を他部署に配布する場合

　2枚以上の帳票をほかの部署に送付する場合は、「2つ以上の部署に分ける」記号の右横中心から放射線状にナガレ線を描きます。ナガレ線は記号から派生するように描くのが正しいので、図の正誤例を参考にしてください。1枚モノ用紙で収まる規模の小さい業務フローなら問題ありませんが、大規模業務フローの場合は一部分をピックアップして表示させたり、ピックアップした部分のみを印刷して現場で用いる等の運用も行います。その際、帳票の起点がわからないナガレ線の引き方をしていると、瑕疵の発見による不正の追跡検証が行えなくなる危険性があります。

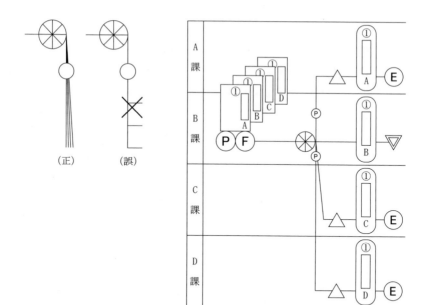

　また、表記されている帳票の全てをある一部署に送付する場合は、次図のように記述します。意味のない記号の濫用は「可視化」の本質からはずれることになるからです。

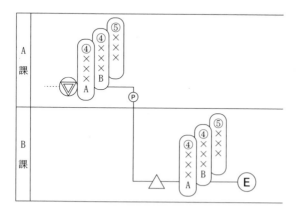

⑥ 現品・現金の動き

（1）現品・現金の動きの表示

　現品・現金の動きを記述する場合は、動き線の始めと終わりに現品・現金記号を描きます。現品・現金は重要な資産項目であり、審査や監査業務で重点的にチェックされるものとなります。したがって、資産移動の「始点」「終点」を「可視化」することは非常に重要であり、省略せずに必ず守っておきたい記述ルールです。

　そのため、現品・現金の記号は動き線の始めと終わりだけに入れ、原則として中途に記号を描くことはしません。

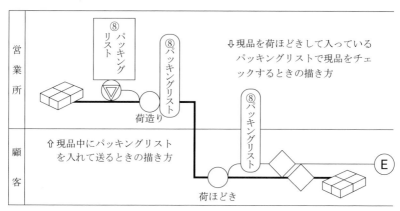

（2）帳票と同時に動く場合の記述

　現品・現金の動きを帳票の動きと同時に記述する場合は、帳票のナガレ線と現品・現金の動きを並行して描きます。システムフローチャートでは網羅しきれない「モノ」「カネ」「情報」の流れを連動させて記述する「産能大式フローチャート」ならではの「可視化」ですので、重要な資産取引に関しては必ずこの記述を意識してください。

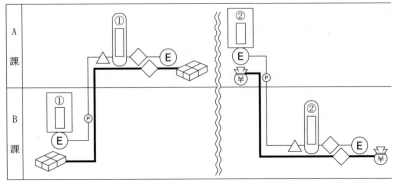

（ア）現品の場合の例示　　　　　　　　（イ）現金の場合の例示

Ⅲ 代表的な業務プロセスの記述例

　これまでに解説してきた「工程記号」「作図ルール」を元に、代表的な業務プロセスの「可視化」事例を見てみましょう。「可視化」の効果を知っていただくため、文章のみで記述された「手続書」と「業務フローチャート」を対比して記します。ここに掲載された「業務フローチャート」について、各手順の作図過程を説明していきます。

　初めて業務フローチャートを学習される方や、システムフローチャートのスキルを活かして業務コンサルティングへのステップアップを進められている方々の参考となれば幸いです。

　なお、ここに掲載された「業務フローチャート」を含め、本書に掲載されている「フローチャート」「作図テンプレート」のいくつかがEXCEL型式でダウンロードできるようになっています。学習理解の参考、実務で作成する「業務フローチャート」のひな型等でご活用いただければと思います。

1 入金事務手続き

　「顧客」から受け取った小切手に基づき「出納係」が行う「入金事務手続き」を例に、文章で記された「手続き」が「業務フローチャート」に可視化されるプロセスを見ていきます。

（1）文章で記された業務手続き

担当部署	事 務 作 業	新たに登場した帳票
顧　客 出納係	① 顧客は「①小切手」を作り、出納係に渡す。 ② 出納係は「①小切手」を受け取ったら、その「①小切手」によって「②領収証A」「②領収証（控）B」の複写セット伝票を取り出し、複写で作成する。 ③ 「①小切手」は、金庫に保管する。 ④ 「②領収証A」「②領収証（控）B」は2つに分けて「②領収証A」は顧客に渡す。 ⑤ 顧客は「②領収証A」を受け取って、保管する。 ⑥ 出納係は、手元に残った「②領収証（控）B」によって「③入金伝票」1枚を取り出して、起票する。記入事項：月日・顧客名・入金額・摘要・科目・入金番号 ⑦ 起票が終わった「③入金伝票」は、トレイ（文書整理箱）に一時保管し、「②領収証（控）B」も領収証（控）つづりにつづり込む。 ⑧ その日の午後4時になると、トレイの中に保管してあった「③入金伝票」を取り出し、入金額の集計をする。次いで「③入金伝票」の集計結果を「④メモ」を取り出して記入する。記入事項は、入金総額・件数である。 ⑨ 「③入金伝票」は保管する。 ⑩ 「④メモ」によって、毎日逐次記入している「⑤入金日計表」を取り出し転記する。記入事項は、月日・入金総額・件数 ⑪ 転記が終わったら「④メモ」と「⑤入金日計表」と照合する。 ⑫ 照合が終わったら「④メモ」は捨てる。 ⑬ 「⑤入金日計表」によって「⑥現金出納帳」を本立てから取り出し転記する。記入事項は、月日・入金総額・件数である。 ⑭ 「⑤入金日計表」は、元に戻す。 ⑮ 「⑥現金出納帳」は、本立てに戻す。	①小切手 ②領収書A ②領収証（控）B ③入金伝票 ④メモ ⑤入金日計表 ⑥現金出納帳

＜MEMO＞

（2）可視化された「業務フローチャート」

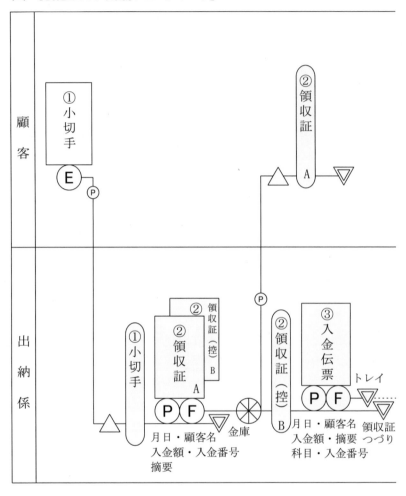

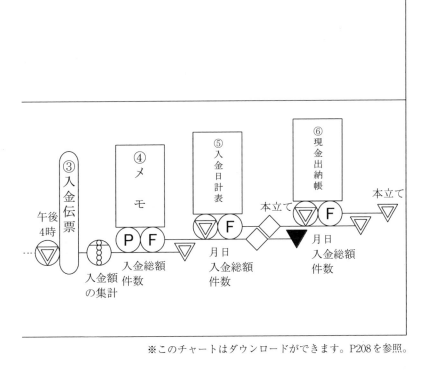

※このチャートはダウンロードができます。P208を参照。

(3)「業務フローチャート」作成プロセスの解説

文章による手続き	記入欄	作図ポイント
①顧客は「①小切手」を作り… ⇒「小切手」は「帳票」の扱いにする。	顧客	♺索引番号を必ず入れる。 ①小切手 帳票記号は⑤に必ず接触させる。 Ⓔ ⇦すぐに帳票のナガレ線を描く。
…出納係に渡す。 ⇒ハコビ記号を用いる。垂直のナガレ線上に描き入れる。	顧客	①小切手 Ⓔ Ⓟ ⇨ ハコビ記号は必ず垂直のナガレ線上に描く。
②出納係は「①小切手」を受け取ったら…	出納係	Ⓟ ①小切手
…その「①小切手」によって「②領収証A」「②領収証（控）B」の複写セット伝票を取り出し… ⇒必ず「①小切手」の帳票のナガレ線に接触させて新規帳票準備の記号を描く。	出納係	②領収証（控）B ①小切手 ②領収証 A Ⓟ 複写の識別記号（A、B…）を忘れぬこと ⇧帳票のナガレ線に接触させる。

— 98 —

…複写で作成する。記入事項は、月日、顧客名、入金額、入金番号、摘要である。	出納係	② 領収証（控）B ② 領収証 A ① 小切手 Ⓟ Ⓕ 必ずⒻの後に中央から帳票のナガレ線を出す。 月日・顧客名・入金額 入金番号・摘要 記入位置はどこでもよいが、なるべくⒻの近くに描く。
③「①小切手」は金庫に保管する。 ⇒「金庫」という場所に一時保管すると考え、保管記号のワキに「金庫」と文字を添えればよい。	出納係	② 領収証（控）B ② 領収証 A ① 小切手 Ⓟ Ⓕ ▽金庫 月日・顧客名・入金額 入金番号・摘要 ファイル場所、方法等を文字で書き添える。
④「②領収証A」「②領収証（控）B」は二つに分けて… ⇒仕分け、分類の記号ではない。	出納係	② 領収証（控）B ② 領収証 A ① 小切手 Ⓟ Ⓕ ▽ 月日・顧客名・入金額 入金番号・摘要 ナガレ線は記号の右ハシから出す。
…「②領収証A」は顧客に渡す。	出納係	② 領収証（控）B ② 領収証 A Ⓟ Ⓕ ▽ Ⓟ ハコビ記号はナガレ線の垂直部分に入れる。
⑤…顧客は「②領収証A」を受け取って… ⇒受け取った後のタンザク形を忘れないように。	顧客	② 領収証 A △ Ⓟ ナガレ線は、左側の入った位置から必ず出す。

…保管する。	顧客	
⑥出納係は、手元に残った「②領収証（控）B」によって… ⇒記号の後に、残った帳票が何であるかを明らかにする。ナガレ線は入ったところから出るように描く。	出納係	
…「③入金伝票」1枚を取り出して… ⇒新しい帳票の「準備」。	出納係	ナガレ線に接触させる。
…起票する。記入事項は、月日・顧客名・入金額・摘要・科目・入金番号である。 ⇒記入事項の位置は、記入記号の近くのどこでもよいが、ナガレ線をさまたげないこと。	出納係	Pの後、すぐナガレ線を出すことを忘れないこと 月日・顧客名・入金額・摘要・科目・入金番号
⑦起票が終わった「③入金伝票」はトレイ（文書整理箱）に一時保管し、… ⇒保管する場所である「トレイ」と記号の近くに文字で記入する。	出納係	トレイ 月日・顧客名・入金額・摘要・科目・入金番号

— 100 —

…「②領収証（控）B」も領収証（控）つづりにつづり込む。 ⇒「つづり込む」は「保管」。	出納係	
⑧その日の午後4時になると、トレイの中に保管してあった「③入金伝票」を取り出し、… ⇒保管記号と取り出し記号の間は、関連線を引く。	出納係	
…入金額の集計をする。 ⇒計算記号を描き、その近くに「入金額の集計」と文字で書く。	出納係	
…次いで「③入金伝票」の集計結果を「④メモ」を取り出して記入する。記入事項は、入金総額・件数である。 ⇒入金伝票のナガレ線に接触させて取り出し記号を描く。	出納係	
⑨「③入金伝票」は、保管する。	出納係	

⑩「④メモ」によって、毎日逐次記入している「⑤入金日計表」を取り出し、… ⇒「入金日計表」は、保管中のものなので、一時保管記号から取り出す。	出納係	④メ モ ⑤入金日計表 P F ▽ 入金総額 件数
…転記する。記入事項は、月日・入金総額・件数である。 ⇒メモのナガレ線に接触させて記入記号を描けば、転記を意味する。	出納係	④メ モ ⑤入金日計表 P F ▽ F 入金総額 件数 月日・入金総額・件数
⑪転記が終わったら「④メモ」と「⑤入金日計表」を照合する。 ⇒照合記号の位置が意味を持つ。前にある帳票が元になり、後の帳票が照らし合わされるもの	出納係	④メ モ ⑤入金日計表 ◇の前にある帳票が原本、後にあるのが照合されるもの P F ▽ ▽ F ◇ 入金総額 件数 月日・入金総額件数
⑫照合が終わったら「④メモ」は、捨てる。 ⇒廃棄記号を描けばよい。	出納係	④メ モ ⑤入金日計表 P F ▽ ▽ F ◇ ▼ 入金総額 件数 月日・入金総額件数
⑬「⑤入金日計表」によって、「⑥現金出納帳」を本立てから取り出し、… ⇒取り出し記号を描いて「本立て」と近くに文字を添える。	出納係	⑤入金日計表 ⑥現金出納帳 本立て ▽ F ◇ ▽ ▼ 月日・入金総額件数

…転記する。記入事項は、月日・入金総額・件数である。	出納係	
⑭「⑤入金日計表」は、元に戻す。 ⇒「元に戻す」は保管すること。	出納係	
⑮「⑥現金出納帳」は、本立てに戻す。	出納係	

2 製造作業報告手続き

　「製造係」が提出した「作業日報」に基づき、「進行係」が「完成日報」を作成し、「完成日報」」に基づき「経理課」が帳簿記載する「製造作業報告手続き」を例に、文章で記された「手続き」が「業務フローチャート」に可視化されるプロセスを見ていきます。

（1）文章で記された業務手続き

担当部署		事務作業	新たに登場した帳票
製造係	①	製造係各班長は、生産完了後「①作業日報」1枚を作成し、進行係に送る。	①作業日報
進行係	②	製造係の班長から送られた「①作業日報」を受け取り、一時保管する。	
	③	一時保管していた「①作業日報」を取り出し、内容点検の上疑問があったら電話で製造係に問い合わせる。	
	④	電話の問い合わせ内容を「①作業日報」に記入する。	
	⑤	次いで「①作業日報」によって製品の「②完成日報（原稿）」を作成する。	②完成日報（原稿）
	⑥	作成後、間違いがないかを「①作業日報」を元に照合する。	
	⑦	照合後、「①作業日報」は作業日報つづりにつづり込む。	
	⑧	「②完成日報（原稿）」を元に「③完成日報A、B、C」3部をコピー（PPC）する。	③完成日報A、B、C
	⑨	作成した「③完成日報A、B、C」3部と「②完成日報（原稿）」を一緒にして、係長・課長・部長の承認印を受ける。	
	⑩	承認後、「③完成日報A、B」は経理課に、Cは製造係に送り、「②完成日報（原稿）」は自係で保管する。	
製造係	⑪	製造係は、進行係から送られた「③完成日報C」を受け取ったら、係長の検印を受けて、保管をする。	
経理課	⑫	経理課は、進行係から「③完成日報A、B」を受け取る。	

⑬ 受け取った後、その数値合計に誤りがないかを検算する。	
⑭ 検算後「④製品完成記録簿」を本立てから取り出し、完成数を転記する。	④製品完成記録簿
⑮ 転記後「④製品完成記録簿」は本立てに戻す。	
⑯ 「③完成日報A、B」は、係長・課長の承認印を受ける。	
⑰ 「③完成日報A、B」は、2つに分け、Aは保管する。Bは原価計算集計作業に使うが、その後の手続きは省略する。	

(2) 可視化された「業務フローチャート」

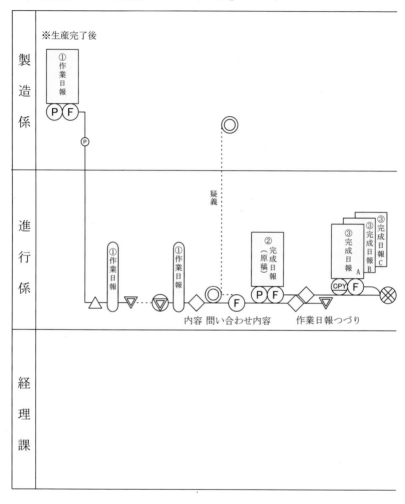

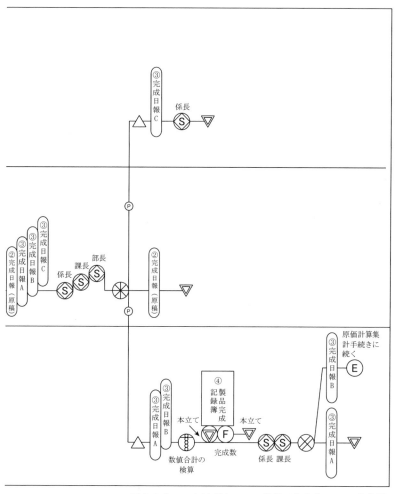

※このチャートはダウンロードができます。P208を参照。

(3)「業務フローチャート」作成プロセスの解説

文章による手続き	記入欄	作図ポイント
①製造係の各班長は、生産完了後「①作業日報」1枚を作成し、進行係に送る。(人が運ぶ) ⇒送る…送り記号の位置で意味が異なる。	製造係	※生産完了後 ①作業日報 ⇦索引番号を必ず入れる。 ⇦帳票記号と℗Ⓕは接触させること ⇦進行係は下欄だから、ナガレ線は下に
②製造係の班長から送られた「①作業日報」を受け取り、一時保管する。	進行係	ナガレ線は記号中央を貫通するように
③一時保管していた「①作業日報」を取り出し…	進行係	①作業日報
…内容点検の上	進行係	①作業日報　内容
…疑問があったら、電話で製造係に問い合わせる。 ⇒問い合わせる…口頭の連絡、電話は発信と受信の関係を明確にする。	進行係・製造係	製造係　左側に点線をつける(受信側)。⇨ ①作業日報　電話内容をこのように文字で記入する。　疑義 ⇦右側から点線を出す(発信側)。 内容　⇧ナガレ線上に接触させて◎を描く。

④電話の問い合わせ内容を「①作業日報」に記入する。 ⇒電話によって記入の場合は、関連線で電話によることを表す。	進行係	◎の中央から出した点線を⒡に接触させることによって、電話で記入したことを表す。 内容　問い合わせ内容
⑤次いで「①作業日報」によって製品の「②完成日報（原稿）」を作成する。 ⇒作成する…新規帳票の準備、記入。	進行係	⇩索引番号を②となる。 ②完成日報（原稿） ⒫⒡と帳票記号は接触させて描く。 ⇧ナガレ線上に接触させて、問い合わせ内容⒫⒡を描く。
⑥作成後、間違いないかを「①作業日報」を元に照合する。	進行係	②完成日報（原稿） 照合される方だから、後ろにくる。 ⇧作業日報が元になるから、前に◇がくる。
⑦照合後、「①作業日報」は作業日報つづりにつづり込む。 ⇒つづり込む・・・・・一時保管する。	進行係	②完成日報（原稿） 作業日報つづり ⇦ つづり込みの名称を書いておくとよい。
⑧「②完成日報（原稿）」を元に「③完成日報A、B、C」3部をコピー（PPC）する。	進行係	②完成日報（原稿） ③完成日報A ③完成日報B ③完成日報C

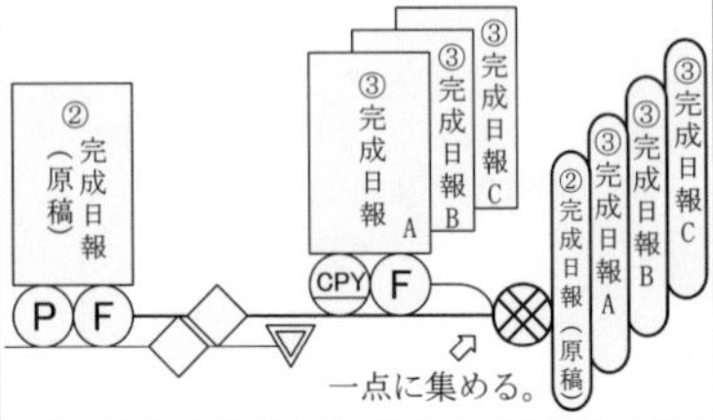

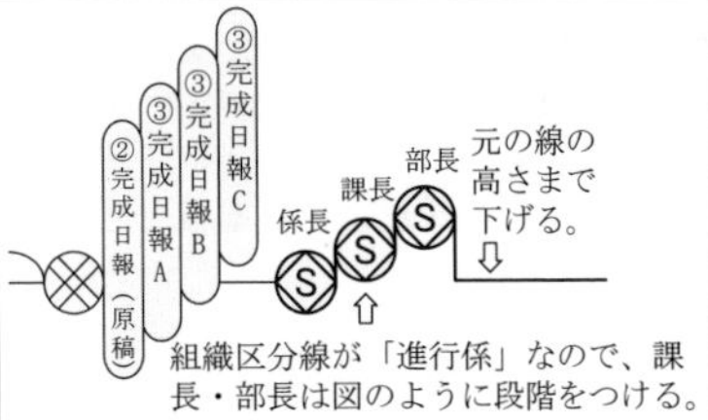

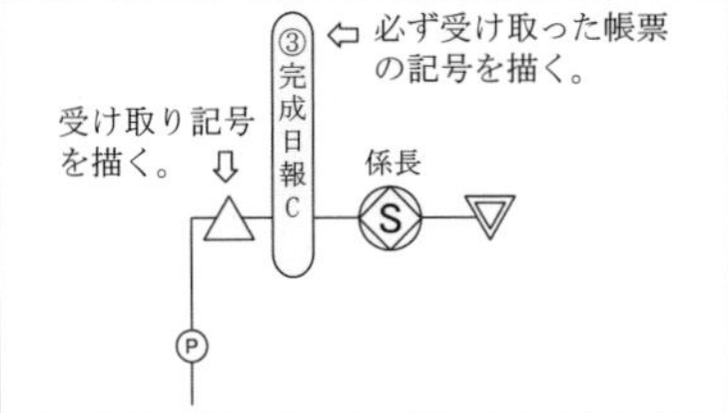

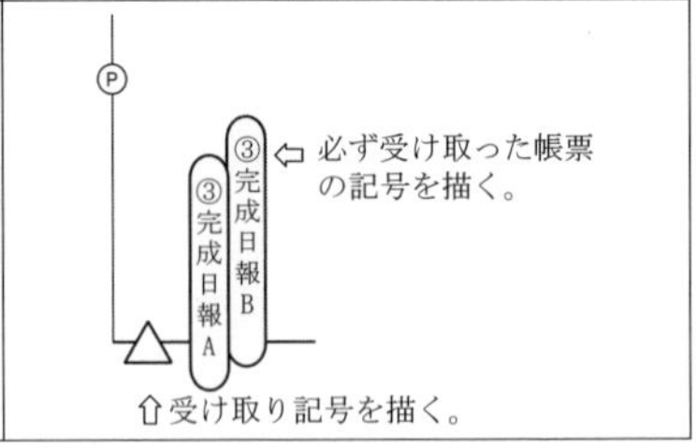

⑨作成した「③完成日報A, B、C」3部と「②完成日報（原稿）」を一緒にして… ⇒今一緒にして…組み合わせ（井桁）	進行係	一点に集める。
…係長・課長・部長の承認印を受ける。 ⇒承認印は人別に記号化。組織区分線の表示に注意	進行係	元の線の高さまで下げる。 組織区分線が「進行係」なので、課長・部長は図のように段階をつける。
⑩承認後、「③完成日報A、B」は経理課に、Cは製造係に送り、「②完成日報（原稿）」は自係で保管する。	進行係	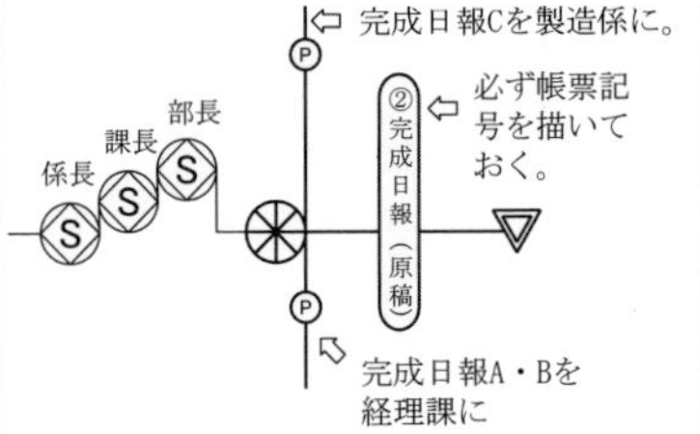 完成日報Cを製造係に。 必ず帳票記号を描いておく。 完成日報A・Bを経理課に
⑪製造係は、進行係から送られた「③完成日報C」を受け取ったら、係長の検印を受けて、保管する。	製造係	必ず受け取った帳票の記号を描く。 受け取り記号を描く。
⑫経理課は、進行係から「③完成日報A、B」を受け取る。	経理課	必ず受け取った帳票の記号を描く。 ⇑受け取り記号を描く。

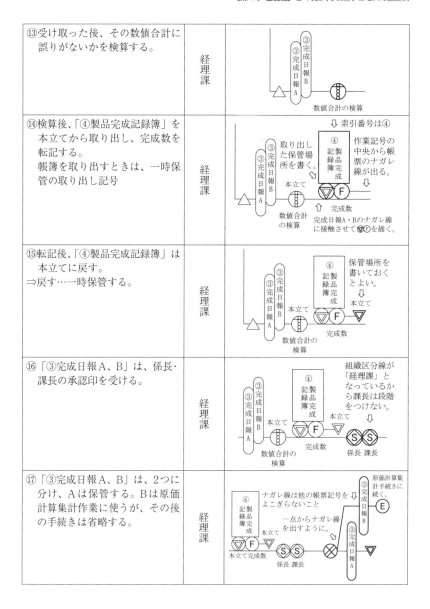

⑬受け取った後、その数値合計に誤りがないかを検算する。	経理課	
⑭検算後、「④製品完成記録簿」を本立てから取り出し、完成数を転記する。帳簿を取り出すときは、一時保管の取り出し記号	経理課	
⑮転記後、「④製品完成記録簿」は本立てに戻す。⇒戻す…一時保管する。	経理課	
⑯「③完成日報A、B」は、係長・課長の承認印を受ける。	経理課	
⑰「③完成日報A、B」は、2つに分け、Aは保管する。Bは原価計算集計作業に使うが、その後の手続きは省略する。	経理課	

3 有給休暇届出事務手続き

　「労務課」から「有給休暇カード」を「各課保管責任者」が受け取り、「各課課員」の有給休暇届出を管理する「有給休暇届出事務手続き」を例に、文章で記された「手続き」が「業務フローチャート」に可視化されるプロセスを見ていきます。

（1）文章で記された業務手続き

担当部署		事務作業	新たに登場した帳票
労務課	①	年度初めになると、保管してある前年度の「①有給休暇カード（前年度）」を取り出し、各人別に前年度の休暇残数、本年度の休暇数を確認し、本年度に使える有給休暇日数を出す。	①有給休暇カード（前年度）
	②	「②有給休暇カード」を新たに取り出し、「①有給休暇カード（前年度）」によって、次の事項を記入する。記入項目：年度、休暇数（繰り越し）（本年度）（合計数）、採用年月日、所属、氏名	②有給休暇カード
	③	記入が終わったら、前年度の「①有給休暇カード（前年度）」は元の場所に保管する。	
	④	「②有給休暇カード」は、各課の保管責任者に回付する。	
各課保管責任者	⑤	労務課から送られた「②有給休暇カード」を受け取り、一時保管する。	
各課課員	⑥	有給休暇を取りたいときは、保管責任者に口頭で申し出る。	
各課保管責任者	⑦	課員から申し出があったら、保管してある該当の「②有給休暇カード」を取り出し、課員に渡す。	
各課課員	⑧	「②有給休暇カード」を受け取ると、それに次の項目を記入する。記入項目：請求月日、事由	
	⑨	記入後「②有給休暇カード」は係長、課長の承認印を受ける。	
	⑩	承認印捺印が終わったら、「②有給休暇カード」は、保管責任者に渡す。	
各課保管責任者	⑪	課員から渡された「②有給休暇カード」を受け取ったら、元の場所に保管する。	

\<MEMO\>

(2) 可視化された「業務フローチャート」

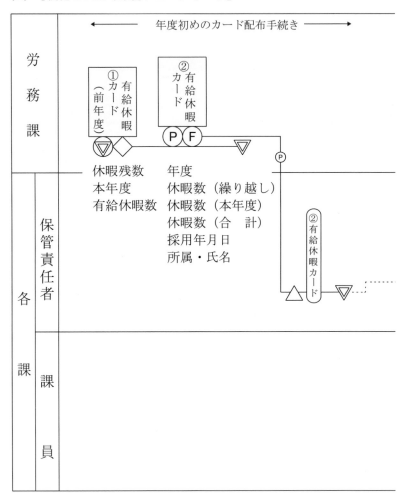

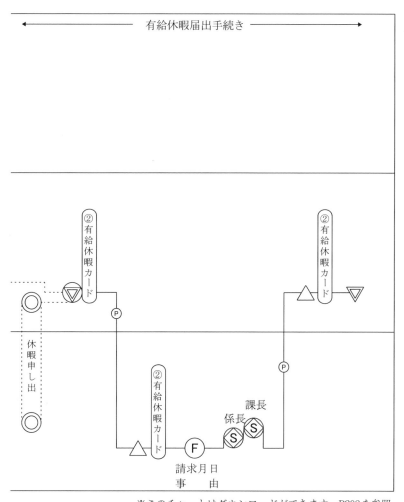

※このチャートはダウンロードができます。P208を参照。

(3)「業務フローチャート」作成プロセスの解説

文章による手続き	記入欄	作図ポイント
①年度初めになると、保管してある前年度の「①有給休暇カード」を取り出し… ⇒保管記号に接触させて帳票を描く。	労務課	①カード（前年度）有給休暇
…各人別に前年度の休暇残数、本年度の休暇数を確認し、本年度に使える有給休暇日数を出す。 ⇒「確認し」…照合・点検の記号、確認内容も文字で書いておく。	労務課	①カード（前年度）有給休暇 休暇残数 本年度有給休暇数 ⇦記入事項の位置はどこでもよいが、なるべく◇の近くに
②「②有給休暇カード」を新たに取り出し、「①有給休暇カード」によって、次の… ⇒「①有給休暇カード」のナガレ線に接触させて、取り出し記号を描く。	労務課	①カード（前年度）有給休暇／②カード有給休暇 (P) 休暇残数 本年度有給休暇数 ⇧帳票のナガレ線に接触させて(P)を書くこと
…事項を記入する。 　記入事項：年度、休暇数（繰り越し）（本年度）（合計数）、採用年月日、所属、氏名 ⇒記入事項の記入位置は、記号の近くのどこでもよい。	労務課	①カード（前年度）有給休暇／②カード有給休暇 (P)(F) このように多く記入する際には他の組織区分内に入ってもよい ⇨ すぐ中央からこのようにナガレ線を出す。 年度 休暇数（繰り越し） 休暇数（本年度） 休暇数（合計） 採用年月日、所属・氏名
③記入が終わったら、前年度の「①有前年度給休暇カード」は元の場所に保管する。	労務課	①カード（前年度）有給休暇／②カード有給休暇 (P)(F)

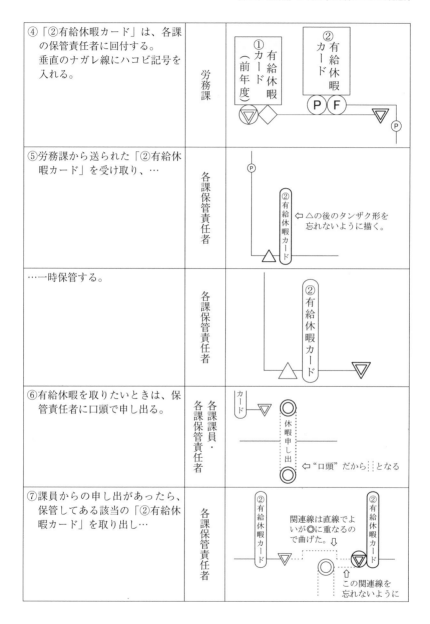

④「②有給休暇カード」は、各課の保管責任者に回付する。 垂直のナガレ線にハコビ記号を入れる。	労務課	
⑤労務課から送られた「②有給休暇カード」を受け取り、…	各課保管責任者	⇦△の後のタンザク形を忘れないように描く。
…一時保管する。	各課保管責任者	
⑥有給休暇を取りたいときは、保管責任者に口頭で申し出る。	各課課員・各課保管責任者	⇦"口頭"だから┊となる
⑦課員からの申し出があったら、保管してある該当の「②有給休暇カード」を取り出し…	各課保管責任者	関連線は直線でよいが◎に重なるので曲げた。⇩ ⇧この関連線を忘れないように

…課員に渡す。 ⇒ナガレ線を他の組織区分線に延ばす。	各課保管責任者	
⑧「②有給休暇カード」を受け取ると、…	各課課員	
…それに次の項目を記入する。 　記入項目：請求月日、事由	各課課員	
⑨記入後「②有給休暇カード」は、係長、課長の承認印を受ける。 ⇒職位別に段階をつけて、承認記号を記述	各課課員	
⑩承認印捺印が終わったら、「②有給休暇カード」は、保管責任者に渡す。 ⇒ナガレ線を他の組織区分線に延ばす。	各課課員	

⑪課員から渡された「②有給休暇カード」を受け取ったら、…	各課保管責任者	
…元の場所に保管する。	各課保管責任者	

第5章
応用編

本章では、現在の企業経営や自治体運営で必須となった情報機器（IT機器・デジタル機器）を用いた業務フローチャートの記述法について解説していきます。

Ⅱ　作業記号の解説

1 　情報機器（IT機器・デジタル機器）の整理

　「ERPシステム導入コンサルティング」や「デジタルトランスフォーメーション（DX）」に限らず、現在の業務では情報機器の活用は不可欠となっています。「業務改善」においても効率化の手段としてコンピュータ機器や業務ソフトウェアの導入は大きな効果を持ち、「株式上場審査」や「内部統制監査」に向けた業務整備においても「正確性」「再現性」「証跡保存」等の観点から情報機器を導入する例も多くなっています。

　ここで「情報機器」という言葉を整理しておきます。現在の経営環境においては、「IT」と「デジタル」を明示的に区別して運用することが多くなっています。経営における「IT」と「デジタル」のニュアンスの違いは、以下のように言われています。

> IT　　　：「守り」の経営、現在あるものを「効率化」
> デジタル：「攻め」の経営、全く新しい「付加価値」

　そのため、「業務改善」のような従来業務の改善の場では「IT」、「業務改革」の場合は「デジタル」という用語が用いられるのが多くなっています。情報技術を活用した経営改革を意味する「デジタルトランスフォーメーション（DX）」が「デジタル」というキーワードを意識的に用いるのは、この考え方が基本となっています。

「業務フローチャート」作成においても、「可視化」の対象となるのは「業務改善」「業務改革」等の多岐にわたる業務となります。しかし、「可視化」の実務においては「IT」「デジタル」を意識して使い分けることは少なく、「情報機器」と表現することが多くなっています。ERPシステム導入等の場合は、「効率化」と「新たな付加価値」が共存することも理由の一つではありますが、最も大きな理由は「可視化」の目的が「情報技術の本質を問う」ことではなく、業務フローを記述することだからです。したがって、意識すべきは「人間系」業務と「情報機器」の処理を明確に区別して記述することです。さらに重要なのが、従来「マン・マシン・インターフェイス」と言われていた、「人間系」業務から「情報機器」への情報のやり取りです。一度「情報機器」やコンピュータシステムに取り込まれてしまえば、後はその制御システムやプログラムの内部処理の問題となります。しかし、その情報を取り込む際の手続きは「人間系」で行われます。これは「転記」作業と同じであり、誤謬や情報欠落のリスクが発生する、業務の脆弱ポイントとなります。

　以上により、情報機器を用いた業務の「可視化」においては、最新の情報機器の正確な記述よりも、「人間系」業務と「情報機器」の情報連携（インターフェイス）を重視して記述することが重要となります。

2 情報機器を用いる業務の「可視化」に当たっての留意点

　情報機器を用いた業務の「可視化」に当たっては、以下が留意すべきポイントです。

① 人間系業務と情報機器との情報のやり取りである「マン・マシン・インターフェイス」を明確に記述できること

② 情報機器の記述に深入りし過ぎることなく、人間系業務と情報機器（もしくはコンピュータシステム）との相互関係を記述することに重点をおくこと

③ 業務フローチャートの利用者は、必ずしも最新の情報機器に精通しているとは限らないので、それらの利用者も含めて共通の理解を得られること

④ 外部との関連等も表記できるようにするが、その表記をどこまで行うか
について は、業務フローチャートの用途等を勘案して最適なものとすること
と

⑤ 業務で用いられている機器やシステムおよび外部サービス等について、
今後の発展や拡張も含めて対応できるよう考慮すること

⑥ 人間系業務フローと情報機器（またはコンピュータシステム）の処理フ
ローについては、それぞれ切り離してもその趣旨が成立するように考慮す
ること

3 「作業記号」と「機器・システム記号」

　上述の通り情報機器を用いる業務の「可視化」においては、「人間系」業務と
「情報機器」による処理を明確に区別し、さらに誤謬や不正の発生しやすい「人
間系」から「情報機器」への受け渡し（インターフェイス）を判別しやすくす
ることが重要となります。そのため、「業務フローチャート」に用いる記号につ
いても、人間が行う「作業記号」と、コンピュータ機器またはシステム自体や
その間でのやり取りを示す「機器・システム記号」に分けて解説を行います。

① 〈作業記号〉の解説

　4章で解説した〈作業工程〉記号と同じく、情報機器を用いた業務の〈作業
記号〉も「○」が基本形となっています。

　以下に、人間が行う作業を中心とした代表的な記号について記します。

　記号例には「キー入力」「画面表示」等、WEBシステムや最新デジタル機器
を中心とした近年のデジタル機器や情報システムでは使用頻度の少なくなった
記号もあります。これらの記号は、「レガシーシステム」と呼ばれる長期間に
わたり保守や機能改善を行わないまま利用が続けられている機器やコンピュー
タシステムの現状を記述し、それを最新の経営環境に最適化させる「業務改善」
や、仕組み自体を抜本的に改革する「デジタルトランスフォーメーション
(DX)」に取り組む際に必要となる記号でもあります。

　「業務フローチャート」の記述に当たっては、あくまで「人間系」業務の記述が主となります。システムフローチャートと異なり、情報機器の新旧で「業務フローチャート」記述に用いる記号の要否や記述レベルを判断してしまうと、本来の用途に貢献しない場合もあります。適用する目的に応じて、記号の要否や記述レベルを判断することが重要です。

記号	意味	説明
ⓍⓍⓍ ×××部分には、機器の略称を入れる。	情報機器の使用	パソコン等の情報機器や、それに搭載されている業務用アプリ（Eメール等）の使用を表す。作業を表す「○」内に横線を引き、その線の上に機器の略称を記載する。ここに挙げた例のほか、凡例を添えることで最新機器の記述も可能 (PC) (FAX) (CPY) (EM) パソコン　ファックス　複写機　Eメール
(K)	情報機器の起動	各種機器を起動するための入力を表す。KはKey inの頭文字。近年の業務記述では一見不要とも思える記号であるが、「生体認証」「USB認証」等により機器の起動自体が内部統制行為や業務改革の対象となる場合もあるので、認証手段を併記するため現在も使用されることの多い記号である。
(F)	画面への入力	情報機器の入力画面から情報を入力することを意味する。記号のFは帳票記入と同じく「項目記入」を意味するFill inの頭文字。コンピュータシステムの入力画面はまさに「人間系」と「情報機器」をつなげる「インターフェイス」であり、ここで誤謬や不正が発生するリスクもある。そのため、入力担当者や重要な入力項目を併記して記述することが効果的である。

▽	前処理画面に基づく、情報取り出し	一連のコンピュータシステムを用いた手続きの中で、前処理画面の情報に基づき次処理画面もしくは帳票出力等を行うことを示す記号。画面表示フォーマットが異なる場合には、必ずその画面遷移を記述する。コンピュータシステムの内部プログラムを「業務フローチャート」で可視化するのは難しいが、人間が視認して行う画面遷移は可視化できるので、これによりプログラム専門家でなくとも業務の不備等を確認できるようになる。 表示画面記号には「画面番号（識別番号またはメニュー番号）」「画面名（またはメニュー名）」を新たな画面ごとに追番で記入する。既存システム利用の記述の場合は、そのシステムで用いられている番号を記載する。Office ソフト等で作図する場合は、ハイパーリンク機能を用いて画面フォーマット図をリンクさせると利用者の理解を助けることとなる。 #1 Eメール確認　　　　#2 ○○伝票 PC R ‥‥‥‥‥‥‥‥ ▽ F 1. 氏名 2. 住所
(S)	電子決裁	情報機器を用いて決裁を行う場合に記述する。情報の流れ線の上に「承認記号」を記述することにより、「電子決裁」を意味する。
R	情報の参照・検索	ディスプレイ端末等の情報機器を用いて、コンピュータシステムの情報を参照したり検索することを表す。R は、Reference、または Retrieve の頭文字。前述の情報取り出し記号との違いは、前処理画面の有無。一連のシステム手続きとは独立した、帳票や口頭指示に基づく検索・参照行為を記述する。作業記号を区別して記述することにより、誤謬や不正が発生した場合、その原因がシステム処理フローにあるのか人間系手続きにあるのかの切り分けがしやすくなる。
S	スキャン	各種読み取り機で情報をスキャンして取り込むことを表す。S は、Scan の頭文字。技術進歩により読み取り精度が向上したとは言え、読み取り元情報の鮮明度や機器の使用環境により誤読の可能性はゼロとはならない。誤謬や不正があった場合の追跡確認用に、スキャンに用いた機器や環境条件等も併記するとわかりやすい。

(PO)	情報機器による印刷	情報機器を用いて印刷することを表す。PO は PrintOut の略
◇（中に○）	情報処理の分岐	Eメールやグループウェア、業務システム等の処理の「分岐」を示す。システムフローチャートの分岐を示す「◇」に、作業記号の基本である「○」を掛け合わせた記号である。

② 〈機器・システム記号〉の解説

　情報機器による処理フローや、情報機器（またはコンピュータシステム）間のデータのやり取りの記述に用いる代表的な記号を以下に記します。本記号群は「人間系」業務自体を記述するものではありませんので、Office ソフトの標準テンプレートや JIS 記号に定めるシステムフローチャート用の記号を用いても問題ありません。

　また、ここに記す記号の中の「ディスプレイ」「携帯端末」「記憶媒体」については、特にその機器を強調して記す目的がある場合は、機器の縮小写真や別途描き起こした図、利用規約に基づく著作権フリーイラスト等を用いても可です。新たに追加した記号については、凡例を添えておけば実務上の問題はありません。

記号	意味	説明
	データベース （磁気ディスク等）	パソコンがまだ普及しておらず、汎用機と呼ばれる大型コンピュータによる処理が一般であった時代のデータ記憶装置である「磁気ディスク」の形状を記号化したもの。現在では記憶装置も様々な技術が適用されているため、磁気ディスクを表すのではなく「データベース」を表す目的で使用されている。図の中にデータベース名を記入して用いる。クラウド上のビッグデータや解析用多次元データベースであることを明確に記したい場合は、コメントを添えるか、それに準じた雲型やキューブ型の記号を用いても問題ない。
	処理システム	情報システムで処理する場合のシステムを表す、企業内に設置された情報機器により構築された業務システム、外部クラウドを利用した業務システム、外部の情報サービスやパソコンソフト、スマホアプリ等に適用しても問題ない。図の中にシステム名を記述し、システムを識別できるようにする。 情報システムの形態（社内 or 社外、クラウドやスマホアプリ等）の識別が重要となる場合は、図例のように枠内のシステム名に追記するか、情報機器やサービス形態を想起しやすい補助図を添えて記述することも可能である。「業務フローチャート」においては業務手続を正確に記述することが目的なので、用いられる情報機器やコンピュータシステムの記述精度は目的に沿った範囲内で行う。 【記号の枠内に追記する方法】【記号に補助図を添える方法】 補助金申請システム （クラウド）　　補助金申請システム （クラウド） 顔認証システム （スマホアプリ）　顔認証システム （スマホアプリ）スマホ

	通信	専用回線やインターネット等、有線・無線を問わず情報機器で処理するデータの送受信を表す。ただし、一般の電話やFAXによる「人間系」のやり取りは、従来通り点線を用いて区別するのが望ましい。通信線の前後に矢印をつけ、送信のときは先端に、受信のときは後方に、また、相互通信は双方に矢印をつける。 受信を表す　送信を表す　送受信を表す
	ドキュメント	情報機器から直接プリントアウトされるドキュメントを表す。アウトプット帳票名や、書式番号等を枠内または図の添え字として付記する。添え字の付記ルールは、手書き帳票のルールに準ずると利用者が理解しやすい。紙に印字することなくデジタルデータ状態で運営するPDFドキュメントであっても、生データをドキュメント様式に加工してから電子メール添付等で運用する場合には、この記号を用いて「可視化」しておくことが望ましい。用紙出力がなくPDFデータのみの運用であることが重要な場合は、枠内に「○○帳票（PDF）」のように注記を行うとわかりやすい。
#×× ○○画面	処理画面	情報機器の表示画面を示す記号。まだ液晶ディスプレイが一般化する前のブラウン管ディスプレイをイメージして制定された。現在はブラウン管の使用も少なくなり、液晶ディスプレイや携帯端末の活用が多くなったが、業務フローチャートでは「人間系」業務と「情報機器」処理フローの間での媒介（インターフェイス）として重視され、明確に「可視化」する記号として用いられている。 図の枠内に「処理画面名」「画面No.（または表示させるためのメニュー番号）」を追記する。業務の可視化においては、用いられる機器の形態（社内大型コンピュータ、外部クラウドシステム、スマホ機器等）が重要なのではなく、データ授受の媒介となった処理画面が明記されることが重要である。したがって、機器の形態に関係なく本記号を活用する。ただし、同じ名称の処理画面が固定端末・モバイル端末の両者で存在したり、利用機器を識別することが「可視化」において重要となる場合は、処理システムと同じく枠内に補足情報を付記、または補助図を添える等で対処する。

		携帯電話やスマートフォン、タブレット等の携帯端末を表す。この記号の中に、次の例のように各端末機器の略号を入れる。略号は英文字でなく「スマホ」「タブレット」のような表記でも可。社内業務において機種名や型式名で浸透している場合は、その名称を付記しても可である。「可視化」においてスマートフォンやタブレット等の機器形態を区別することが重要な場合は、記号自体をその機器を想起させる形状にアレンジしても可である。その場合は誤読のないように、必ず凡例に記号説明を追記する。
	携帯端末	【スマートフォンの例】 ・英字頭文字 　または略称を使用 | S	処理画面名 画面番号		スマホ	処理画面名 画面番号 | 【タブレットの例】 ・横長に作図も可 ・必要に応じ、型式で表示も可 | タブレット	処理画面名 画面番号		IA-XXXX	処理画面名 画面番号	

		各種補助記憶媒体を表す。手書きを中心とした紙媒体の業務において「帳簿」の作成過程や精度、保管状態の確認が上場審査や内部統制監査において重視されたように、情報機器を用いた業務においてもデジタル「帳簿」というべき「補助記憶媒体」が重視される。一時的な処理に用いるデジタル端末と異なり、業務における照会や照合、情報蓄積や外部への公開と重要な意味を持つため、記憶媒体の能力特性に依存するリスク判断も可能となるよう、記号には必ず媒体について付記する。
	補助記憶媒体（情報処理に蓄積された大規模データを活用することから、電子マネー・AI・ビッグデータ等の可視化にも用いられる）	特に媒体種類を図として明確化する必要がない場合は、共通の記号を用い、その枠内に補助記憶媒体の略号を記入して用いる。 実際には補助記憶媒体ではないが、その処理において大量に蓄積されたデータ活用が必須である「電子マネー」「AI」「ビッグデータ」等についても、この記号を用いる。「デジタルトランスフォーメーション（DX）」のように、これらの仕組みを導入することが大きな位置付けとなる場合は、本記号とは別の記号を用いる運用でも問題ない。その場合は、必ず誤読のないように凡例に記号説明を追記すること。

CD
（Compact Disc）

DVD
（Digital Versatile Disc）

MC
メモリーカード

EM
電子マネー（Electronic Money）

AI
（Artificial Intelligence）

BD
ビッグデータ（Big Data）

AI の場合は「脳」を示す補助図を、ビッグデータの場合は Blu-ray Disc と混同しないようにコンピュータや歯車の補助図を合成する場合もある（実際には歯車でなく、「機構」「ネットワーク」を意図している）。

Ⅲ 作図方法の解説

1 ディスプレイによる情報機器の操作

　ディスプレイ（処理画面）を見ながら情報機器を操作する場合は、ディスプレイ（処理画面）の記号に作業記号を接触させて描きます。

① パソコン、あるいは端末装置の場合

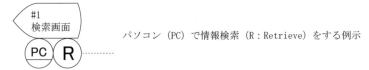

パソコン（PC）で情報検索（R：Retrieve）をする例示

② 携帯電話の場合

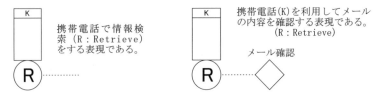

携帯電話で情報検索（R：Retrieve）をする表現である。

携帯電話(K)を利用してメールの内容を確認する表現である。（R：Retrieve）

メール確認

③ モバイル端末の場合

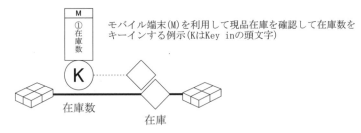

モバイル端末(M)を利用して現品在庫を確認して在庫数をキーインする例示(KはKey inの頭文字)

在庫数

在庫

2 ディスプレイ（処理画面）の表示内容と帳票の関連の表記

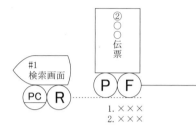

パソコン（PC）を利用して情報検索（R）を行い、その結果を元に「②○○伝票」を起票する例示

P は「準備する」の略号
F は「記入する」の略号

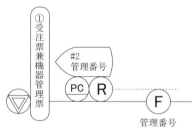

保管していた「①受注票兼機器管理票」を取り出し、パソコン（PC）を利用して管理番号を検索（R）する。表示された管理番号を「①受注票兼機器管理票」に記入（F）するという例示

3 情報システムと手作業の連動を表示したいときの表示

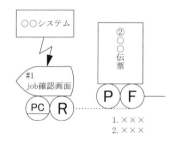

毎朝出社と同時にパソコン（PC）を起動し、○○システムを確認（R）し、その結果を元に「②○○伝票」を起票（P）（F）するという例示

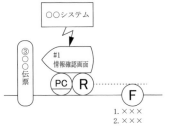

「③○○伝票」を元に、○○システムを検索（R）し、その結果を「③○○伝票」に記入（F）するという例示

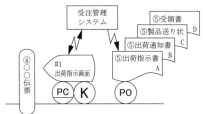

「④○○伝票」を元に、受注管理システムにより表示された「#1 出荷指示画面」に出力を命令（K）し、「⑤出荷指示書」一式をプリントアウト（PO）するという例示

4 ファクシミリなどによる情報伝達の表記

　ファクシミリなどで情報を送受信する場合は、口頭情報伝達の表記に準じ、送り手と受け手を明確化して点線でつなぎます。この場合、受け取った側の帳票は新たに登場する帳票となるので索引番号も新たに設けます。

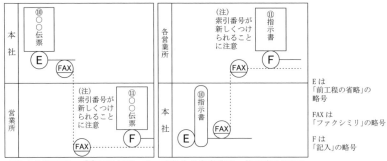

本社から営業所へ「⑩○○伝票」をFAXで送るという例示

本社から各営業所へ指示書をFAXで送るという例示

Eは
「前工程の省略」の略号

FAXは
「ファクシミリ」の略号

Fは
「記入」の略号

5 電子会議の表し方

　関係各部門と電子会議を実施し、主催部門で議事録を作成した後、関係各部門に電子メール（EM）を使って送るという事務の例を示します。

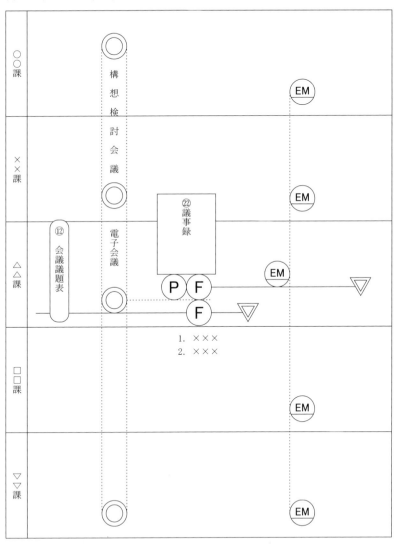

6 電子決裁の表し方

① 同時決裁の方式

　稟議処理の電子決裁の例を以下に示します。下図では、△△課で「①稟議書」を起案し、課長の承認を得た後、この稟議を電子決裁に付すために、同時に決裁者全員に電子メールで決裁依頼を行っています。決裁者はこのメールで個人認証を行い、決裁を入力します。

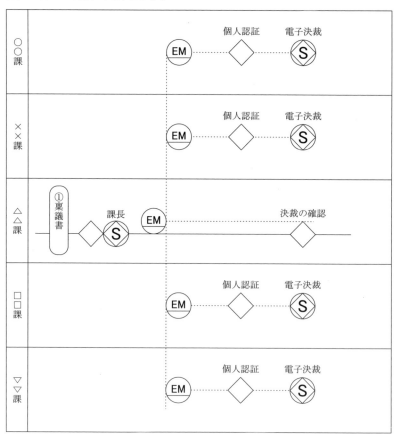

② 順次決裁の方式

各決裁者が順番に決裁をする場合は、以下のように記します。

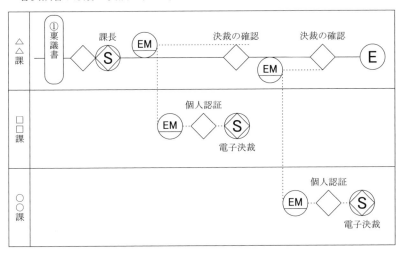

7 ICカードの表し方

インターネットを介してチケット予約を行い、その結果を個人が携帯するIC
カードに記録し、チケットレスにする事務の例を以下に示します。

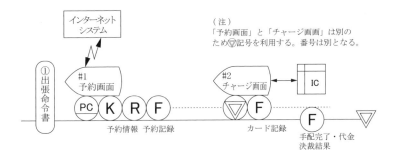

8 電子認証の表し方

　パソコンやスマートフォンなどを利用して、本人の個人情報（住民票等）を
プリントアウトする事務の例を以下に示します。

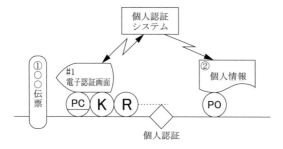

9 情報のスキャン入力の表し方

　セキュリティ管理の強化から、入退室時に身分証によるスキャンが求められ
ることが多くなっています。また物流管理においても、荷物の自動スキャンが
導入されています。これらの情報のスキャン入力の記述例について、以下に示
します。

① 入退室の情報スキャンの例

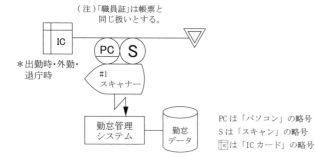

② 自動倉庫の情報スキャンの例

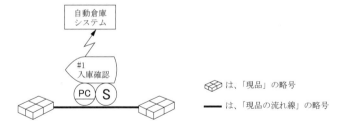

は、「現品」の略号

——— は、「現品の流れ線」の略号

10 画面遷移の表し方

　ERPシステムや外部WEBサービス等の業務システムを用いた業務の場合、1つの画面だけでは業務手続が完結せず、複数の処理画面をまたいで「検索」「入力」「処理」「登録」等の一連の手続きを行うことが多くなっています。コンピュータシステムの内部プログラムで一括処理される場合と異なり、処理結果が画面表示されたものに「人間系」の操作がなされて業務が進められる場合は、この処理画面の一連の流れである「画面遷移」が明らかとなるように「可視化」します。以下にこの記述例を示します。

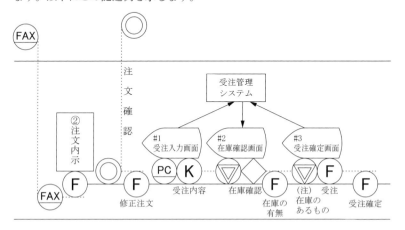

本図の例では、以下のような手続きを「可視化」しています。

・FAXで注文内示を受け取り、この内容を顧客と電話で確認する。

・確認内容（この場合「修正注文」）を「②注文内示」に記入し、パソコン
（PC）を起動

・受注内容を「#1受注入力画面」にキーイン（K）する。

・「#2在庫確認画面」を表示し、受注商品の在庫有無を確認（◇）する。

・その結果を「②注文内示」に記入（F）する。

・在庫のあるものについて「#3受注確定画面」で受注を確定する。

「可視化」の目的は、誤謬や不備があった場合の原因解明や、業務手続の非効率を把握することにあります。したがって、同じ画面名であってもレイアウトや取り扱うデータ項目が異なる場合は、別画面として記述し、レイアウトの様式番号やデータ項目名を付記することが適切です。

11 メール同報の取り扱い

インターネット技術の浸透により、社内業務システムも電子メールによるものが一般的となっています。電子メールによる同報発信の記述例について以下に示します。この例では、人事課で起案され決裁された「人事通達」を「通達システム」を活用して同報通信を行う事務を表しています。

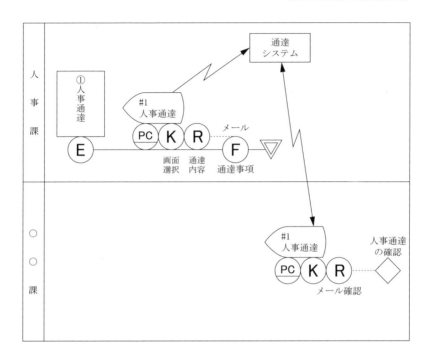

12 電子メールへの添付ファイルの表し方

　実務における電子メールの利用では、文書を入力したメールのみのやり取りではなく、Officeソフト等で作成した文書ファイルや、外部WEBサービス等の参照データ等を添付したやり取りも多くなっています。業務の「可視化」目的からは、意思決定や手続きに影響を与える情報源を明確化する必要があるので、添付ファイルについても明確な記述を行います。

　以下に、Officeソフト等で作成した文書ファイルを添付する場合と、WEBサービス等の参照データを添付する場合の記述例を示します。これらの図示は全ての業務に対して行う必要はなく、意思決定や業務フローの分岐に影響を与えるような重要な工程に焦点を絞って記述するほうが効果的です。

① Officeソフト等で作成した文書ファイルを添付する場合

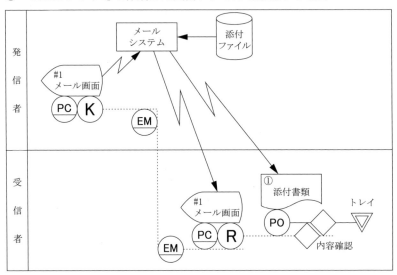

② WEBサービス等の参照データを添付する場合

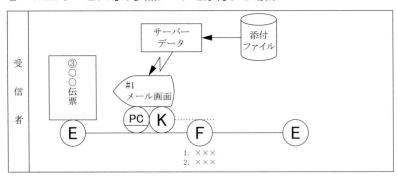

13 インターネットを利用した情報システムの表し方

　インターネットなどで情報収集した結果を利用する場合の記述を以下に示します。

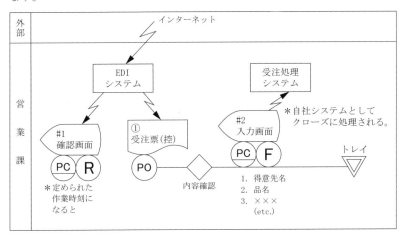

Ⅲ 代表的な業務プロセスの記述例

　これまでに解説してきた「作業記号」「作図方法」を元に、情報システムを活用した業務プロセスの「可視化」事例を見てみましょう。「可視化」の効果を知っていただくため、重要な部分については「文章のみで記述された手続」と「業務フローチャート」を対比して記しています。

　初めて業務フローチャートを学習される方や、システムフローチャートのスキルを活かして業務コンサルティングへのステップアップを進められている方々の参考となれば幸いです。

　なお、ここに掲載された「業務フローチャート」を含め、本書に掲載されている「フローチャート」「作図テンプレート」のいくつかがEXCEL形式でダウンロードできるようになっています。学習理解の参考、実務で作成する「業務フローチャート」のひな型等でご活用いただければと思います。

1 納品書点検と情報システムの連動

① 文章で記された業務手続き

(1) トレイの中の、購買課から送られてきたクリップ等でまとめられた「伝票送付票」「納品書」を取り出す。

(2) クリップ等を外して「納品書」の枚数を数え、「伝票送付票」の記載内容と照合する。

(3) 次いで「納品書」の納入金額を電卓等で合計し、一番上の「納品書」の空欄に〈合計金額〉を記入の上、「伝票送付票」の記載内容と照合をする。照合後、「伝票送付票」は机の上においておく。

(4) 「納品書」によって、パソコンに（購買先コード）を入力し、「買掛金管理システム」の買掛金台帳に〈購買先コード、記帳月日、品目、数量、購入金額〉を入力する。

(5) 入力が終わったら、「納品書」の束の上に「伝票送付票」を載せてファスナーで綴じて、所定のロッカーにファイルする。

② 可視化された「業務フローチャート」

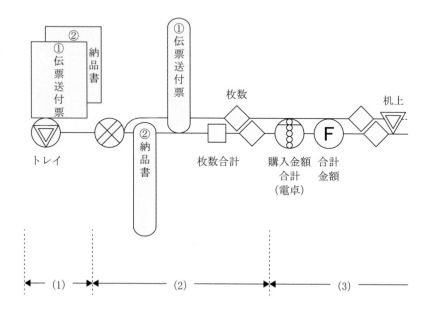

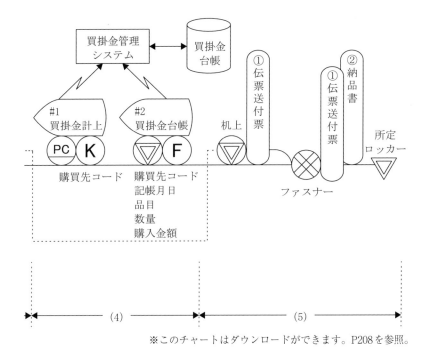

※このチャートはダウンロードができます。P208を参照。

2 注文書の在庫確認

① 文章で記された業務手続き

(1) 「③受注票」をトレイの中から取り出し、品物ごとに品名コードをパソコン入力し、「在庫ファイル」の〈有効残〉を参照する。（有効残＝在庫数－得意先からの受注数＋仕入先に依頼中の未入荷数）

(2) 〈有効残〉のある品目は「③受注票」に〈○〉を、〈有効残〉のない品目は〈×〉を記入する。

(3) 〈有効残〉の有・無にかかわらず、「③受注票」の注文数量を〈引当数量〉とし、パソコン入力する。パソコン上のシステムには、自動的に〈有効残〉が算出され表示される。〈有効残〉がマイナスの場合は、アラートとともにマイナス表示される。

(4) 〈有効残〉がマイナスの品物については、パソコンが引当終了後に「④有効残不足品目一覧表」をプリントアウトする。

(5) 「④有効残不足品目一覧表」は「③受注票」とクリップで留める。

＜MEMO＞

② 可視化された「業務フローチャート」

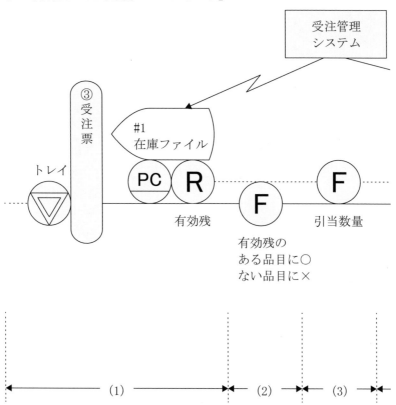

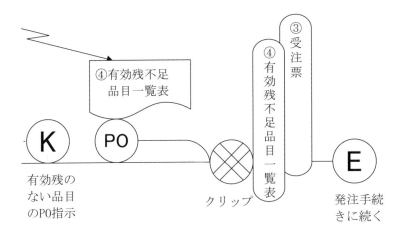

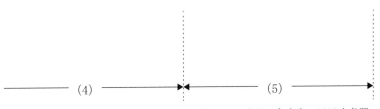

※このチャートはダウンロードができます。P208を参照。

3 デモンストレーションを活用した営業活動

① 文章で記された業務手続き

(1) 手持ちのパソコンにデモンストレーションアプリケーションをインストールし、このパソコンを持って顧客先に出向く。
(2) 顧客先でデモンストレーションを行いながら営業活動を行う。
(3) 顧客の質疑に応対した上で帰社
(4) 帰社後、顧客の反応を元にパソコンで営業報告を入力
(5) 営業報告入力後、上司への報告のために「⑥営業経過対応表」をプリントアウト

＜MEMO＞

② 可視化された「業務フローチャート」

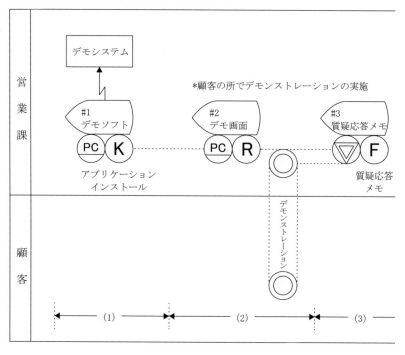

営業課

デモシステム

*顧客の所でデモンストレーションの実施

#1
デモソフト

PC K

アプリケーション
インストール

#2
デモ画面

PC R

#3
質疑応答メモ

▽ F

質疑応答
メモ

顧客

デモンストレーション

(1)　　　　(2)　　　　(3)

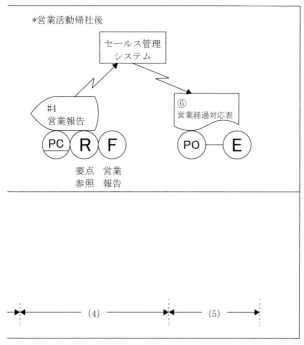

※このチャートはダウンロードができます。P208を参照。

4 外勤精算システムの活用

① 文章で記された業務手続き

(1) 営業担当者が客先に出向き打ち合わせの結果、引合いをもらう。引合い内容に基づき、「①引合票A」と写し「①引合票B」を複写で起票する。

(2) 「①引合票A、B」を元に顧客に引合い内容を再確認し、確認印をもらう。「①引合票A」を顧客に手渡し、「①引合票B」を持ち帰る。

(3) 客先を出ると、携帯モバイル端末により、本社システム部に、引き合い内容は引合い記録システムに、外勤交通費は外勤精算システムに送信する。

② 可視化された「業務フローチャート」

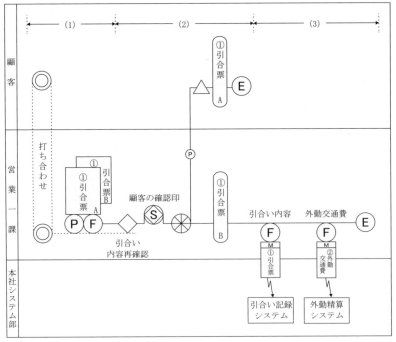

※このチャートはダウンロードができます。P208を参照。

5 パブリックコメントの利用

① 文章で記された業務手続き

　△△市○○課では、新たに策定した政策を執行するに当たり、その政策内容を広く住民に周知するとともに、その政策に関する意見を求めるためにインターネットを利用したパブリックコメントを募集することにした。この事務手続きは以下の通りである。

(1)「①政策原案」を、パソコンを利用してパブリックコメントシステムの掲示板に登録する。

(2) 不特定多数の住民がインターネットを介して検索し、政策内容を見る。

(3) 政策内容に意見のある住民は、掲示板の書き込み欄を利用して自分の意見を入力して、送信する。

(4) ○○課では、毎朝、掲示板の書き込みを確認すると、その意見に対する説明を記述してEメールで住民に回答する。住民は送られたメールを確認する。

(5) 掲示期間が終了すると、住民からの意見を統計処理するために「②パブリックコメント集」をプリントアウトする。

② 可視化された「業務フローチャート」

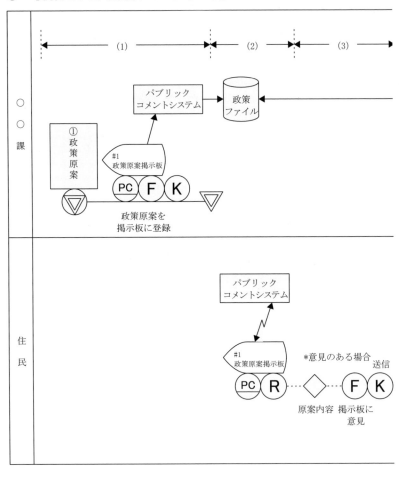

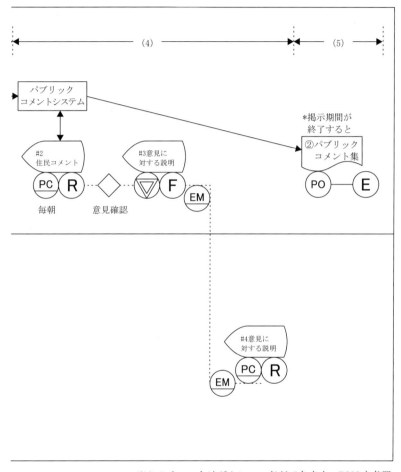

※このチャートはダウンロードができます。P208を参照。

6 勤怠管理システムの利用

① 文章で記された業務手続き

(1) 職員は出勤したときに、職員証（IDカード）を勤怠管理システムの端末装置に読み取らせ（スキャンニング）、出勤記録を行う。

　－これにより職員は庁舎の各施設の利用が可能になる。

　－外勤・退庁時には、同様に端末装置に読み取らせ退庁記録を行う。

(2) 人事課は、月末になると「勤務管理システム」によって、各課の職員の勤務記録表をパソコンで作成する。

(3) 作成した「勤務記録表」はメールで各課に送る。

(4) 各課は、メールで送られた「勤務記録表」によって、個人別に電子認証を行い、課長が課員認証に対して電子認証を行う。

(5) 各課は、電子認証が終わった勤務記録表を人事課にメールで送る。人事課は、電子認証の決裁確認を行う。

\<MEMO\>

② 可視化された「業務フローチャート」

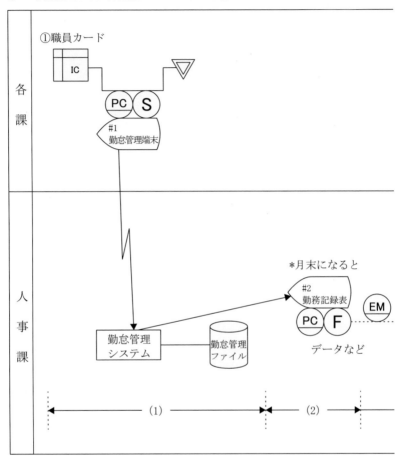

①職員カード

各課

IC

PC S

#1
勤怠管理端末

人事課

*月末になると

#2
勤務記録表

EM

PC F

データなど

勤怠管理
システム

勤怠管理
ファイル

(1)

(2)

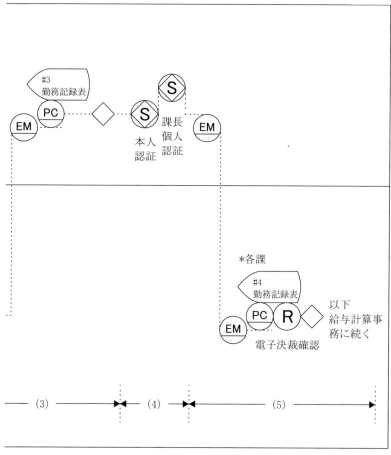

※このチャートはダウンロードができます。P208を参照。

7 人事考課業務

① 文章で記された業務手続き

(1) 人事課では、カレンダーを元に人事考課タイミングに合わせて、人事考課システムをパソコンから起動する。

(2) 起動されたパソコンで人事考課システムにアクセスし、様式ファイルから「#1人事考課実施要領」と「#2人事考課表」を取り出し確認の上、この様式を元に人事考課の実施を、全社員および評価者（各課長）にEメールによって通達する。

(3) 評価者（各課長）は人事の通達を受け取ると、その通達を確認する。

(4) 被評価者（各社員）は、この通達に基づき自分のパソコンを介して「業績管理システム」に登録されている、1年間の活動を「#3目標管理シート」を元に振り返り、自己評価を「#4自己考課表（所定フォーマット）」に入力する。

(5) 入力済みの「#4自己考課表」は課長に提出（Eメールを用いて送信）するとともに、1部プリントアウトして保管しておく。

(6) 部下から「#4自己考課表」が送られてくると、業績管理システムにアクセスし、部下の1年間の「#5-1部下活動記録」と各社員の「#5-2目標管理シート」を参照しながら上司評価を行い、その結果を「#6上司考課表（所定フォーマット）」に入力する。

(7) 課長は部下の「④自己考課表」と自分が作成した「③上司考課表」をプリントアウトする。

(8) 応接室で考課面接を行い、その結果を一次評価として「#6（一次）上司考課表」に記入するとともに人事課にEメールで提出する。

(9) 人事課はEメールで「#6（一次）上司考課表」を受け取る。

\<MEMO\>

② 可視化された「業務フローチャート」

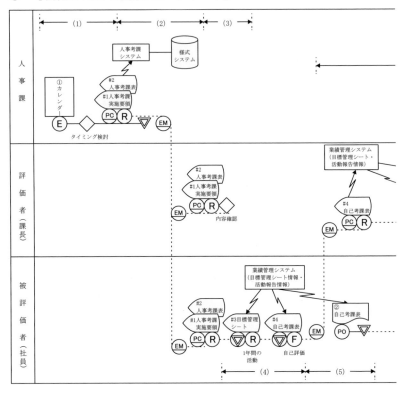

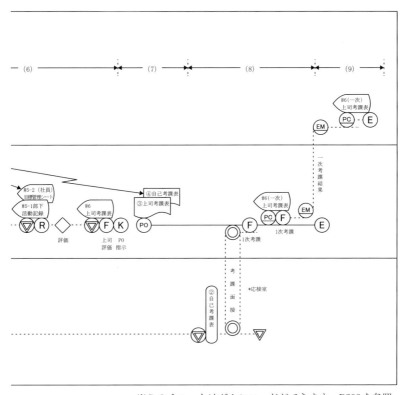

※このチャートはダウンロードができます。P208を参照。

8 自動倉庫の資材管理業務

① 文章で記された業務手続き

(1) 業者は当社の物流倉庫にJANコードを記載した「①納品データ」を貼付した商品を持参する。商品を自動検収装置のあるコンベアに載せると、「自動倉庫システム」によって「②受領書」がプリントアウトされる。これを持って帰社する。

(2) 物流倉庫では、商品に貼付されているJANコードを自動検収装置が読み取り、「包の状況と重さ・X線結果」を元に自動検収が行われる。その結果、「納入情報」が自動倉庫システムを介して在庫管理システムに自動伝送され、業者には「#3受領データ」がインターネットを介して自動送信される。

(3) 商品は、在庫管理システムによって「#4仕分け指示」が出力され、ベルトコンベアで移動させながら、自動倉庫システムからの指示により各店舗別のコンテナに自動仕分けされる。

(4) 自動仕分けの終了した商品は、決められた時間になると配送される。

<MEMO>

② 可視化された「業務フローチャート」

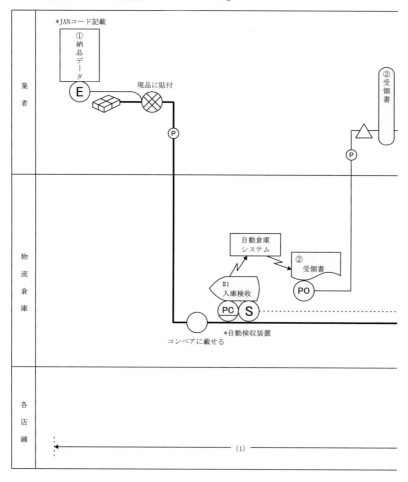

業者

*JANコード記載
① 納品データ
E
現品に貼付
P

② 受領書
P

物流倉庫

自動倉庫システム
#1 入庫検収
② 受領書
PC S PO
コンベアに載せる *自動検収装置

各店舗

(1)

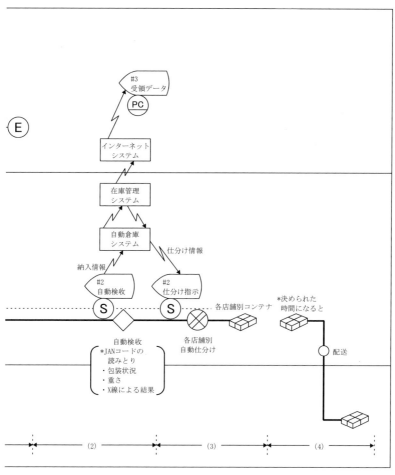

※このチャートはダウンロードができます。P208を参照。

9 売掛金管理業務

① 文章で記された業務手続き

(1) 顧客の締め日に合わせてパソコンを起動し、売掛金管理システムへアクセスして「#1請求書作成」画面を表示する。

(2) 営業担当者は自動表示された請求内容を確認し、電子決裁を行う。決裁が終わると、その顧客の「①請求書A」「①請求明細表B」をプリントアウトする。この「①請求書A」「①請求明細表B」は、顧客別にトレイへ一時保管をする。

(3) 電子決裁が終了した「#2請求データ」は、インターネットを利用して顧客に伝送（請求）する。

(4) 顧客は「#2請求データ」を受け取ると請求内容を確認し、支払日に支払いを行う。

(5) 決済日になると、銀行から「#3入金連絡」がインターネットを介して経理課のパソコンに送られてくる。この「#3入金連絡」を受け取ると、自動的に入金消し込みシステムにアクセスされる。入金の確認を行った後、営業課担当者に「#3入金連絡」としてEメールで通知する。

(6) 営業担当者は、Eメールで受け取った「#3入金連絡」によって、一時保管した「①請求書A」「①請求明細表B」を取り出し、照合しながら入金確認を行い、「①請求書A」「①請求明細表B」に消し込みマークを入れ、顧客別トレイに保管する。

<MEMO>

② 可視化された「業務フローチャート」

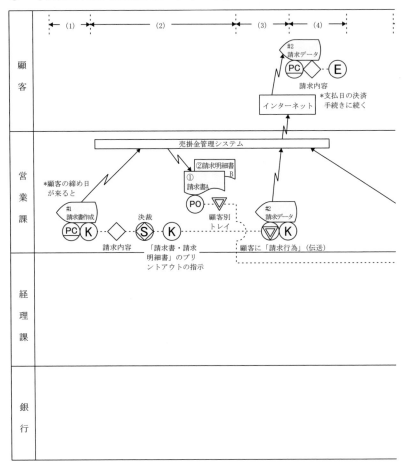

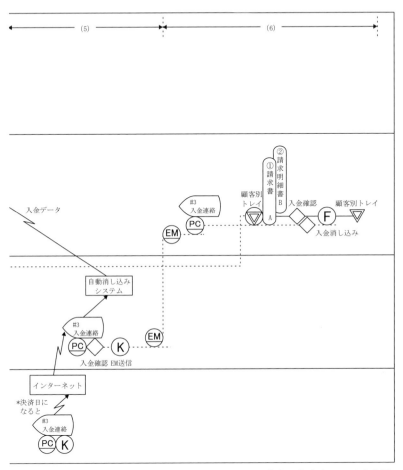

※このチャートはダウンロードができます。P208を参照。

第6章
実務編

第3章でも記した通り、「産能大式フローチャート」は規則・規格ではありませんので、「可視化」の本質を押さえた上であれば適用される実務に合わせて最適化された運用が可能となります。本章では、前章までで記した補足説明も含め、代表的な実務を中心に現場での運用例について紹介します。

Ⅱ 「業務改善」用途のTips

　「業務改善」の目的は、現業務の非効率や不備を発見し、それを改善して業務の効率化や整備を行うことにあります。そのため、業務を「可視化」して検討する段階においては必ず「現業務（改善前）」と「新業務（改善後）」が存在します。改善の「前」「後」を正確かつ迅速に把握することが成否を左右します。

① 改善「前」「後」のフローチャートを重ね合わせられるように作成する

　「業務改善」の効果を上げるには、改善の「前」「後」を明確に把握できる「可視化」が重要です。「業務フローチャート」を作成する場合、見た目のバランスも考えて余分な空白を空けずに作業記号をできるだけ詰めて記述するのが一般的です。しかし、改善「前」「後」では業務手順の数が大きく変動したり、場合によっては業務の一部が全く別の手順に置き換わるかなくなってしまう場合もあります。したがって、改善の「前」「後」の関連を確認せずに作図を行うと、全体把握が困難なものともなりかねません。

　最も識別性が高いのは、改善の「前」「後」のフローチャートを重ね合わせられるように作図することです。「業務改善」の検討および推進過程においては、見た目のバランスが悪くても「前」「後」を重ね合わせて把握できることのほうが重要です。バランスを考慮した「業務フローチャート」は、改善後業務が完全に定着した段階で作図すれば問題ありません。

　テンプレート定規を用いて手書き図面で作図していた時代には作業的負荷の

高かったこの配慮ですが、現在のようにパソコンの Office ソフトによる作図が主流となった状態では、元となるフローチャートのコピーを活用することで負荷を最小限にした対応も可能となっています。

② 改善ポイントとなる作業のみを太線で囲む

「業務改善」は「改善」の名の通り、現在行われている業務手続を継続する前提で、その非効率な部分のみにポイントを絞って「改善」を行うこととなります。一般に、「業務フローチャート」は一連の業務手続全てを「可視化」して作成しますが、「業務改善」の対象となるのはその中の一部の業務手続に過ぎません。

したがって、全業務フローを最初から最後まで詳細に検証する手続きは必要ないので、ポイントとなる部分のみ「太線で囲む」等を行っています。テンプレート作図による手書き用紙ベースの時代では、完成された「業務フローチャート」に運用上の強調手続きであっても上書きするのは抵抗のあるものでしたが、Office ソフトで作成されたパソコンデータの場合は簡単に元図の復元が可能となるので、積極的に行って問題ありません。

Office ソフトの種類によっては、「レイヤー」という元図の上に透明シートを被せるような作図ができるものもあります。「レイヤー」機能がなくとも、元図を「グループ化」して保護することで、強調表示用の「太線枠」を自由に配置することも可能です。また、テキストボックスを重ねて「注記」を添えることも効果的です。

③ 大規模改善となる場合は、その部分をボックス化して別フローに作図する

全体把握しやすい作図として、改善の「前」「後」を重ね合わせられるように作図すると記しましたが、改善の度合いによっては「前」または「後」の業務手順が一画面表示では収まらないくらいの手順数になる場合もあります。その場合は、「前」「後」を重ね合わせる配慮が逆効果となり、一画面表示では全体把握できなくなることもあります。

「前」「後」で大幅に手続き数が変わってしまう場合は、その対象部分のみを「□」の処理記号で簡素化して記述します。処理記号内に詳細フローの様式番号を付記し、詳細手続きについては別フローチャートとして作図するのが効果的です。

　手書き・印刷を問わず紙ベースでの運用では「フローチャート」図が泣き別れ状態になるのは望ましくない運用ですが、タブレット端末を用いた現場での精査や、プロジェクター表示で会議画面を共有する等の場合は、そのままOfficeソフトの作図データを表示することが可能です。この場合、「□」の処理記号にハイパーリンク処理を行い、「□」記号をクリックすることで詳細フローチャートを参照表示できる形にすれば、実務運用もスムーズなものとなります。

④ 「転記」「承認」記号に着目、場合によっては強調表示を行う

　「業務改善」の最大の目的は業務の非効率の抽出とその改廃となります。業務フローチャートで「可視化」した際に、最優先で注目するのは「転記」記号と「承認」記号となります。これらの記号については、線の太さや色を変える、または太枠で囲む等の強調表示を行うと効果的です。

記号	意味	説明
─○◎─	転記	顧客の作成した原票から契約書式を作成したり、伝票を台帳記入（コンピュータ入力も含む）する作業を示す記号。「○」から「◎」に情報が「転記」されることを示す。この工程が多いほど情報欠落や誤謬リスクが高まり、業務効率も低下する。この記号を重点的にチェックすることで、業務改善のみでなく精度向上にも貢献する。
Ⓢ	承認	権限責任者が、案件について「決裁」など承認を行うことを示す記号。SはSignまたはSignature（署名）の略。これに検査の□を組み合わせたもの

　「転記」作業は業務手続を煩雑化させ非効率なだけでなく、情報の欠落や誤謬リスクにもつながります。「転記」作業に着目し、これを改廃する検討を行うことで、業務手続のムダを排除すると同時に不要な帳票類やシステムの統廃合にも貢献することが可能です。

　同様に「承認」作業に関しても、決裁の意思決定に影響を与えない「承認」手続きが発見された場合は、その統廃合を検討することが重要です。業務のムダを省くのみでなく、組織全体の意思決定スピードを高めることにも貢献するからです。

Ⅲ 「株式上場申審査」「内部統制監査」用途の Tips

　「株式上場審査」と「内部統制監査」は名称も適用される対象も異なりますが、両者に立ち会う専門家が公認会計士や監査法人であることが多く、注意すべきポイントには多くの共通点があり、業務フローチャートの作成や運用においてもそれは当てはまります。

　「株式上場審査」は一般に企業のみが対象となりますが、「内部統制監査」については企業だけでなく自治体や非営利団体等も対象に含まれます。多くの組織の参考となるよう、共通する運用上のポイントについて以下に記します。

① 審査および監査のポイントとなる業務手続を強調表示する

　「業務改善」の場合と同じく、「株式上場審査」および「内部統制監査」で重要となる業務手続を「太枠線」で囲む等、強調表示を行っておくと実務運用が滞りなく進みます。一般に、「株式上場審査」「内部統制監査」ともに事前に証券審査部門や監査法人、公認会計士等から指摘事項を伝達され、その指摘事項に基づく改善業務手続を反映させて「業務フローチャート」を作成します。「審査」「監査」に当たっては、その改善業務手続が的確に運用され、実務として定着しているかを評価します。したがって、評価される場合は当然として、評価を受けるまでの試行段階においても重要ポイントを確認できるように強調表示しておくことが効果的です。

② 「モノ」「カネ」「情報」の動きを関連させ、追跡検証できるように作図する

　「株式上場審査」「内部統制監査」においては、経営資源である「モノ」「カネ」「情報」の動きについて特に重視します。実務取引の発生段階では、必ず「モノ」「カネ」「情報」は集約されています。しかし、「情報」のみに注目するシステムフローチャートの作図アプローチを取ると、作図開始時点から「モノ」「カ

ネ」の情報が欠落します。そのために「業務フローチャート」により「可視化」します。

　したがって、「可視化」においては必ず「モノ」「カネ」「情報」の流れが発生時点から最終保管まで関連付けて追跡検証できるように作図する必要があります。作図において「モノ」の流れ記述が欠落しやすいのは、線路状の「物流線」を描くことの煩雑さが理由となっていることが多いようです。「産能大式フローチャート」においては作図ルールよりも業務の的確な記述が優先しますので、Officeソフト等を利用した作図の場合は線路状の流れ線を無理して作図する必要はなく、「カネ」「情報」の流れと区別できるよう「太線」で記述しても問題ありません。

③　対象となる業務手続の「頻度」を付記する

　「株式上場審査」「内部統制監査」と聞くと、対象年度に「年1回」実施されるものと思われがちです。確かに、本審査や各種法定手続きでは該当する場合もありますが、実務においては専門家による本審査だけではなく、事前・事後の自己点検手続き等を定期的に実施します。この目的は、問題発生を未然に防ぐためだけではありません。多くの「審査」「監査」手続きを年度末に一斉に行うことは、個々の手続きの精度を低下させるだけでなく、本来業務の円滑な遂行にも支障を来す場合があるからです。そのため、「自己点検」「任意監査」等の形で、「週次」「月次」「四半期」「半期」等の頻度で重点項目を抽出したチェックを行います。また、全体網羅性を高めるために「循環監査」と呼ばれる方式を取り、年度内で一巡するように各四半期等に行う点検対象業務の割り当て計画を行う場合もあります。

　「循環方式」により網羅性を高めたり、本来業務への影響を最小限にして運用計画を行うため、「審査」「監査」の対象となる業務の「頻度」情報が必要となります。したがって、「業務フローチャート」による「可視化」の際には、重要手続きについてはその「作業記号」のそばに「週次」「月次」「四半期」「半期」のように手続きの「発生頻度」を追記しておくと効果的です。業務の特性により、特定週や特定月に重要度が高まる手続きについては、「第○週」「○月」等の詳

細情報まで記しておきます。

④ 「モノ」「カネ」の資産項目取引については、「仕訳」を併記する

　「株式上場審査」「内部統制監査」においては、「モノ」「カネ」の資産項目取引を特に重視し、業務手続により「モノ」「カネ」が組織外に移動する際の責任者による承認手続きや証憑の保存、電子データの登録状況の正当性を評価します。このため、重要な資産項目取引については「勘定科目」を用いた「仕訳」を併記することが効果的です。

　必ずしも全ての取引について記す必要はありませんが、「審査」「監査」業務に関与する監査法人や公認会計士と相談の上で検討するとよいでしょう。「勘定科目」は一般の市販会計パッケージソフトに事前登録されている「JIS規格」によるものが必ずしも組織で用いられているとは限らず、組織の管理会計目的で補助科目が設定されている場合もあります。この部分の判断も実務担当者では難しい場合があるので、あわせて監査法人や公認会計士に相談することが適切と思われます。

⑤ 「承認」「保存」「転記」「照合」記号に着目、場合によっては強調表示を行う

　「株式上場審査」「内部統制監査」には多くの「審査」「監査」項目がありますが、特に重視されている項目の代表的なものが、資産項目である「モノ」「カネ」の管理と、漏洩時の社会的・経済的損失が計りしれない「情報」の管理となります。「モノ」「カネ」「情報」の管理に関しては、万一所在不明となったり記録簿と不一致の状態となっても、組織外部に流出していない状態であれば大きな損害を出さずに対策が可能となる場合もあります。しかし、一度組織外部に不正に流出した場合には、取り返しのつかない状態となります。そのため、「モノ」「カネ」「情報」の流れを「可視化」して追跡可能とすると同時に、組織外への移動を伴う際にしかるべき決裁権限を持つ責任者の「承認」が得られていることが特に重要なチェック項目となります。また、取得した「資産項目」や「情報」が適正に保存されていること、現物の裏付けとなる証憑が保存されており

所在が明らかになっていることもあわせてチェックされます。そのため「保存」も重要なチェック項目となります。

　以下に、今まで説明した「作業項目」の中で特に重要なものをまとめて再掲します。

記号	意味	説明
Ⓢ	承認	権限責任者が、案件について「決裁」など承認を行うことを示す記号。SはSignまたはSignature（署名）の略。これに検査の□を組み合わせたもの
▽	保存	頻繁に出し入れする業務手続の途中工程には用いられない記号。「一時保管」は二重線で作図し、明示的に「▽」と区別して運用する。資産項目やマスター情報、長期保存が義務付けられている証憑類に関しては、最終的にこの記号で流れが完結していることが望ましい。
○◎	転記	顧客の作成した原票から契約書式を作成したり、伝票を台帳記入（コンピュータ入力も含む）する作業を示す記号。「○」から「◎」に情報が「転記」されることを示す。この工程が多いほど情報欠落や誤謬リスクが高まり、業務効率も低下する。この記号を重点的にチェックすることで、業務改善のみでなく精度向上にも貢献する。
◇◇	照合	2つの異なる文書（帳票）の内容を突合確認することを示す記号。隣接している◇の流れ線を追うことで、照合する文書が特定できる、照合元が原本でなく孫引きになっているか、照合すべき情報項目の信頼性を「可視化」して確認することができ、効率化よりも業務手続き自体を見直す改革にも貢献する。

　「承認」「保存」ほどの重要性はありませんが、「転記」「照合」も重点チェックの対象となります。「承認」「保存」はその作業記号の欠落＝業務設計の不備ともなりかねない項目ですが、「転記」「照合」は逆に過度に多く登場することで業務設計の脆弱性を示す項目ともなります。「転記」「照合」の度に情報の欠落や誤謬のリスクが高まるからです。一般には、「株式上場審査」「内部統制監査」を受ける前の業務改善の段階で必要最低限の作業数に絞り、作業の統廃合やコンピュータシステム化を行います。その理由より、「承認」「保存」よりは重要度の低いチェック項目となります。しかし、永続的に保存されるマスター情報

や、外部に資産項目を移動させる意思決定の際の情報参照を追跡するには、これらの記号が検証作業において重要な役割を果たします。

　これらの作業記号については、「業務改善」の時と同じく、「業務フローチャート」作図の際には強調表示をしておくと検証が効果的に行えます。

Ⅲ 「ERPシステム導入」用途のTips

　「業務フローチャート」は「ERPシステム導入」においても重要です。ERP
とはEnterprise Resources Planning（企業資源計画）の略称であり、「ERPシ
ステム」はそれを踏まえて「統合基幹業務システム」を示す用語として用いら
れます。従来は「ベストプラクティス」という、完成された業務パッケージを
導入して使いこなすことにより、時間とコストをかけずに完成度の高い業務管
理体制を構築するコンサルティングと合わせて導入されることの多いものでし
た。しかし近年においては、「デジタルトランスフォーメーション（DX）」で取
り組むべき課題として、2025年までにレガシーシステムから脱却する、あるい
は2025年でサポート期限が切れてしまう現在の主力ERPの更新目的により、多
くの企業が新規導入・更新を検討するものとなっています。

　この「ERPシステム導入」コンサルティングにおいて、導入検討資料と同時
に、導入完了時の成果物として作成・納品されるものが「業務フローチャート」
です。検討時点では「業務改善」と同じ用途ですが、納品時の成果物となる「業
務フローチャート」は専門家が利用するシステムフローチャートとは異なり、導
入先企業の業務マニュアルや監査・審査にも適用される資料にもつながるため、
要求水準が高くなります。

　「ERPシステム導入」の実務において、特に重視されているポイントについ
て以下に紹介します。

① 検討資料の場合、「業務改善」に準じた配慮を行う

　「ERPシステム導入」検討資料として「業務フローチャート」を作成する場
合は、導入の「前」「後」が重ねて対比できるような作成が「可視化」の効果を
高めます。また、詳細な記述を必要とする手続きについては簡易処理ボックス
として表記し、別フローチャートとして作成する、ERP導入により業務手続が
変化する部分は「太線枠」で囲む等の配慮も「業務改善」に準じて行います。

②　納品時の成果物の場合、業務の「頻度」「仕訳」を併記する

　「ERPシステム」は「会計」・「販売管理」・「購買管理」・「在庫管理」・「生産管理」・「固定資産管理」等の複数のモジュールから構成されていますが、データは最終的には必ず「会計」モジュールを通過します。企業の業態によっては「生産管理」等が必要ない場合もありますが、「会計」に関しては全ての企業が必要とするモジュールです。その意味から、「ERPシステム」を一度に全モジュール導入するのではなく、まずは「会計」モジュールから導入する企業が圧倒的多数です。

　この観点からも、「ERPシステム」へ情報入力する重要な取引については、対象取引の「仕訳」を併記しておくと効果的です。「ERPシステム導入」コンサルティングはシステムコンサルティングではなく経営コンサルティングの領域なので、IT系企業が担当する場合は企業の財務会計部門や顧問会計士または監査法人と連携を取りながら推進すると失敗のリスクを低減できます。

　また、入力系だけでなく、参照系・出力系の処理においても、「頻度」を作業記号のそばに注記しておくと「業務フローチャート」の運用効果が高まります。

③　処理画面、出力帳票の記号にハイパーリンクをかける

　「ERPシステム導入」においては、導入支援コンサルティングの成果物としても「業務フローチャート」の位置付けは大きくなります。導入後の運用マニュアルとしても活用でき、画面レイアウトや帳票レイアウトの微細な変更が手を掛けずに反映され、審査や監査において画面レイアウトや帳票レイアウトを要求された場合に手間をかけずに最新のものが用意できるものであると、その付加価値はより高くなり導入先の顧客満足にも貢献します。

　タブレット等の携帯デジタル端末が浸透した現在では、現場での業務フローチャート閲覧も印刷された紙ベースではなく、タブレット等の画面表示で行う場面も多くなっています。この状況変化により、成果物しての「業務フローチャート」は印刷して用いられることは当然として、タブレット等でデジタル表示されることも考慮して作成する必要があります。具体的には、「処理画面」「出力帳票」の記号にハイパーリンクをかけて、「画面レイアウト」「帳票レイア

ウト」を表示できるようにすることです。

　デジタル端末の利用は、無線ネットワークによるWEBアクセスが可能な環境下での利用が多いと想定されるため、タブレット等の機器内に保存されたローカルデータでなく、WEB上のサーバーに保管されたデータを参照してリンク表示させることが有効となります。WEB上のレイアウト・マスターの変更を行うことにより、業務手続を行う現場では最新状態のレイアウトを閲覧することが可能となるからです。監査や審査の手続きにおいても、「処理画面」「出力帳票」の記号をクリックすることで詳細フォーマットや項目説明が表示されれば、資料請求への対応も効率的に行うことが可能となります。さらに、ハイパーリンクで詳細表示させることが浸透している場合は、「業務フローチャート」上に項目・頻度・仕訳・注記等を併記する必要もなくなり、実務者にとって見やすいフローチャートとなるメリットもあります。

　なお、ハイパーリンクの有無にかかわらず現場でデジタル参照する場合には、編集可能なOfficeソフト型式でなく、不慮の編集が不可となるPDF形式での配布が適切です。「ERPシステム導入」コンサルティングの成果物として納品する場合には、Officeソフト型式のデータと同時にPDF変換されたものも同時に納品し、確認のためOfficeソフトからPDF出力する手順書も添えておくと納入先でのトラブル防止に貢献します。

Ⅳ 「デジタルトランスフォーメーション (DX)」用途のTips

　経済産業省の「DXレポート」により、多くの企業が2025年までに取り組むべき経営課題として着手を始めた「デジタルトランスフォーメーション (DX)」。一部の先進企業ではプロジェクト成果も出始めていますが、まだ多くの企業が着手段階にあるのが現実です。その第1ステップとして、レガシーシステムとも呼ばれる現在の業務システムの「可視化」から入り、その取り組みで「業務フローチャート」が作成され始めています。

　まだ過渡期にある「デジタルトランスフォーメーション (DX)」ですが、これに関する「業務フローチャート」作成で最低限留意すべきことについて、以下に紹介します。

①　必ずパソコンソフトで作成し、修正履歴管理を行う

　「デジタルトランスフォーメーション」(以下「DX」と記述) はその名の示す通り、デジタル技術により業務手続を画期的に変革することを目的としています。そのため、現業務手続を業務フローチャートで「可視化」した後の検討では、現業務手続が全て新業務に置き換わる可能性もあります。また、その過程では何度も試行錯誤による検討が行われます。そのため、従来のテンプレートを用いた作図では検討のスピードに追い付きません。必ずOfficeソフト等のパソコンソフトを用いて作成します。また、検討過程では過去の検討段階に戻っての再検討が繰り返し行われます。検討段階ごとの「複数世代」の修正履歴を残しておくことが必要です。

　修正履歴管理は、EXCELシートのシートタブ管理や、OneDriveのような共有フォルダの基本機能を活用するとよいと思われます。

② 「人間系」業務と「情報機器」処理フローの「インターフェイス」を明確化して記述する

　「DX」は、最新のデジタル技術を活用した経営改革の手法です。DXで改革された業務手続には、必ず情報機器やコンピュータシステムが介在します。業務フローチャートによる「可視化」は、「人間系」業務を「作業記号」として図式化することで、その不備や非効率を明確化して次のアクションにつなげます。しかし、情報機器に取り込まれた後の内部処理については、業務フローチャートでは「可視化」できません。したがって、「可視化」で追跡検証できる「人間系」業務と、「情報機器」による処理フローとの間のデータ授受となる境界（インターフェイス）を明確に記述する必要があります。「誰の責任で決裁され」「どのようなタイミングで」「どのようなデータ項目が」「どのタイミングで」「何を用いて」情報機器の処理系統に投入されるかを、図式化と項目追記で明確化します。

　「DX」のアプローチの中には、「人間系」のアナログ情報を「デジタイズ」（センサー等でサンプリングし、情報機器で処理できるデジタルデータ形式に変換すること）を行って「情報機器」処理フローに投入し、その処理結果をアナログ情報に戻して「人間系」業務にフィードバックするものがあります。このようなアプローチにおいては、「情報機器」による処理が「別部署」のような位置付けとなります。したがって、「DX」に関する「可視化」を業務フローチャートで行う場合には、「人間系」業務の部門枠と同じ位置付けで「情報機器」処理枠を作成し、その枠間の移動を資産項目の組織外への移動に準じてチェックできるように作図することが適切と思われます。

③ 「情報機器」の種類・型式・世代等を明確化した記号を採用する

　「DX」の目的の一つに、レガシーシステムと呼ばれる長期間見直しがなされていない業務手続（コンピュータシステムや情報機器を含む）の更新があります。そのため、「DX」推進に伴う「可視化」においては、情報機器を一括りに「パソコン」「携帯端末」とまとめることが適切でない場合もあります。機種更新や機器の抜本的な見直しも検討項目となるため、同じパソコンや携帯端末で

あっても、「メーカー」「型式」「世代」（4Gや5G等の通信規格やOSのバージョン等）を明記することが必要な場合があります。また、同一の情報機器記号を用いずに、メーカーや世代の異なるパソコンを一目で識別できるよう、用いられている機器の縮小写真を記号として用いる場合もあります。同様に、外部情報環境も共通記号を用いずに、「AI」「ビッグデータ」等は一目で識別できるような「脳のイラスト」「雲のイラスト」のような別記号を作成して表示する場合もあります。

　このように、目的に応じて「情報機器」の記号の新たな制定も含めた作図が必要な場合もあるので、注意が必要です。「産能大式フローチャート」では、「人間系」手続きである「作業記号」が重要となるので、「情報機器」を表す記号については凡例に記しておけば目的に合った最適な運用として問題ありません。

第7章

Officeソフトを活用した効率的なフローチャート作成・運用

「産能大式フローチャート」は、産業能率大学の創立時期から長期にわたって実務で活用されています。まだWindows95どころかパソコンさえも一般的でなかった時代であったため、手書きベースでの運用からスタートしました。しかしその原型はさらに遡り、アメリカで展開されていた「管理工学」を元に数々の研究・改善を積み重ねて現在に至っています。

本章ではその歴史とともに、現在の運用で最も一般的となっているOfficeソフトでの作成・運用について紹介します。

Ⅰ 産能大式フローチャートの沿革

「産能大式フローチャート」の原型は、1950年代、当時アメリカで使われていた横軸に展開していた図表を参考に、日本産業能率研究所（産業能率短期大学付設）に所属していた内野建夫先生を中心に研究して作られました。

その後、産業能率短期大学の三沢仁先生、本間郁男先生、古谷野英一先生がコンサルティング業務で実践的に使用し、改良を加え、1954年刊行の『事務能率ハンドブック』に、古谷野英一先生が事務工程分析図表として作図の解説を載せました。細かい約束事に関しては、本間郁男先生の案によるものが多くなっています。

1957年に、事務工程分析用の「能率定規」を三沢仁先生が考案し、その使い方として作図の約束を書いた冊子を挿入しました。また、事務管理講座を産業能率短期大学が開催し、その中で「能率定規」を用いた講義を行うことにより、さらに多くの人に浸透していきました。

1964年に産業能率短期大学の通信教育『事務分析』で高原真先生が本間郁男先生の約束事に基づいた解説を載せ、1965年には『新事務能率ハンドブック』（産業能率短期大学刊）を刊行し事務工程分析図表の作図の解説を載せました。1966年に「能率定規」の改訂を行い、同時に冊子もハンドブックの解説を元に書き換えることとなりました。

　1982年、マン・マシン・システムの作図を採り入れることとしました。その作図法を小峯昭雄先生が原案を作り高原真先生が取りまとめ、1983年に「能率定規」を全面改訂（4訂）した際に取り入れました。1986年には『新訂事務能率ハンドブック』（産業能率大学出版部刊）にも高原真先生による解説が加えられました。高原真先生は1996年に『業務フローチャートの書き方』を刊行し、さらに2001年、2007年に『改訂版』が発行されました。

Ⅲ テンプレート定規からOfficeソフト活用へ

　まだWindows95やオフィスソフト、ノートパソコンが一般的でなかった時代
は、手書きでの作図が一般的でした。効率良く作図できるよう、代表的な業務
フローチャート記号の型抜きを集めたテンプレート定規「能率定規」が産業能
率大学で開発され、作成ガイドを添付して内田洋行より発行されました。

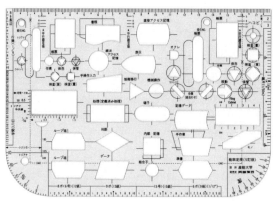

説明書付き

　業務改善コンサルティングや株式上場支援コンサルティングの実務では、実
際に業務が運用されている現場でのヒアリングを行いながら、その場で業務フ
ローチャートを作成して「可視化」することが効果的です。そのため、現場で
は「能率定規」が大活躍しました。当時の大手証券会社や監査法人で株式上場
支援コンサルティング部門に配属されたメンバー全員に「能率定規」が配布さ
れることも珍しくありませんでした。

　現在ではノートパソコンに加え、タブレット等の携行できるデジタル機器が
一般化して「能率定規」の出番も減った感がありますが、パソコンソフトによ
る作図はある程度の慣れと勘所を押さえた上での作業となります。初めて業務
フローチャートに触れる学生や、システムフローチャートの専門家が業務コン
サルティングを手掛ける際の研修においては、あえて「能率定規」を用いた手

書き作業から学習される方も多くいらっしゃいます。初めての方が最も俯瞰して全体把握できるのはディスプレイよりも机上に広げられた大判の用紙であり、最も学習効果が高いのが手を動かしての作図という意味もあると思われます。「能率定規」は本書を記している 2020 年時点でも購入可能ですので、興味のある方は是非お手に取ってみてください。

　Windows95 が登場し、ノートパソコンが広く浸透することにより、業務フローチャートの作成もパソコンで行われることになりました。しかし、当時はまだ Office ソフトの標準作図機能が十分ではなく、作図に関しては各社から出ている作図専用ソフトがそれぞれ用いられている状況でした。その後、マイクロソフトが Visio という作図に優れたソフトを取得し、まだ作図機能が発展途上であった Word、Excel 等の Office ソフトとセット販売を行うようになりました。Visio はシステムフローチャートだけでなく、製造業のガントチャートにも適用できる上、アイデアプロセッサとしても使用できる高機能ソフトであり、業務フローチャート作成にも優れた能力を発揮するソフトウェアであるため、業務フローチャート作成ツールとして一気に浸透しました。産業能率大学でも Visio でそのまま利用できる「テンプレート」部品を作成し、その部品がマイクロソフトの WEB サイトで配布されるようになりました（注：現在はこのサービスは行われていません）。Visio はその優れた機能から、現在でも専門家を中心に利用されています。

　さらに時代は進み、PowerPoint のみに実装されていた作図機能が Excel や Word にも順次実装され、最終的な Office ソフトとして体系化されて Excel、Word、PowerPoint の全ソフトで共通する操作の作図機能となりました。高機能の Visio までは必要とせず、パソコン購入時に標準導入されているソフトで業務フローチャートを行う際の選択肢として Office ソフトが一般化することとなりました。作図用途が主となるので Word よりも Excel や PowerPoint が活用されることが多いようです。新規パソコン購入時に標準導入されていることが多いのと、紙媒体と違って用紙サイズの横長作図に適性があるため、Excel を活用されている例が多いようです。本書でも、サンプルデータを Excel で提供しています。

Ⅲ Officeソフトで効率的に作図するために

　現在はOfficeソフトで作成されることが多くなった「業務フローチャート」ですが、ここでは本書のサンプルデータ作成でも使用しているEXCELを用いた業務フローチャート作成に有益な情報について紹介します。

1 標準ワークシートの活用

　紙ベースの作図における「原紙」の位置付けで、標準となるEXCELワークシートを作成しておくと、組織内で統一された「業務フローチャート」の整備が行えます。以下の手順を参考に、標準ワークシートを準備しておくとよいでしょう。標準ワークシートは組織内でアクセスできる共有ドライブやWEBサイト等で共有し、適宜ダウンロードできるようにしておきます。

① 標準の部門枠数の設定
　フローチャートを作成する前に、EXCELの「罫線機能」を用いて部門枠を作成します。従来の事務作業では、通称「EXCEL方眼紙」と呼ばれる、列幅を極端に小さくしてワークシートを「方眼紙」状に設定したものが活用されていました。作図の自由度から、「業務フローチャート」だけでなく様々な事務作業に「EXCEL方眼紙」が利用されてきました。

　しかし、タブレット機器等の浸透により、パソコンソフトの位置付けが「作図」以上に「閲覧」の重要性が高まっていき、作図ノウハウを優先して考案された「EXCEL方眼紙」が実状に合わなくなってきています。したがって現在では方眼紙状とせず、1つの部門に1つの行を適用する作図のほうが一般的となっています。閲覧用途だけであればPDF変換してしまえばよいので「EXCEL方眼紙」を継続使用したいとの声もありますが、現在ではタブレットを現場に持ち込みその場で追記や修正を行ったり、画面共有してリアルタイムで業務フロー改善・改革の検討を行うビジネス・シーンも多くなっています。その観点

からも、「方眼紙」ではなく「1部門：1行」で作成することが多くなってきています。

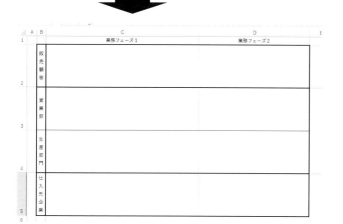

×) EXCEL 方眼紙

○) 一部門：一行の運用

　視認性を考えた場合、1枚のシートに設定できる適切な部門数は「4〜6」と言われています。一覧性を求めず、スクロール展開が許される場合はこの限りではありませんが、関連部門の絞り込みが可能な場合はこの原則に従うのがよいと思われます。登場することの少ない部門については、枠内に囲み記事とし

て追記するか、後述のハイパーリンクで別途詳細フローに飛ばすという運用も効果的です。

　部門枠を設定する場合は、EXCELの「罫線」機能を用いて枠線を引きます。このときに、組織内外の区分を「太線」で区切っておくと効果的です。監査・審査業務では、「モノ」「カネ」の資産項目や重要な「情報」が組織外に移動する際の手続きを重点的にチェックします。チェック時だけでなく、作図時点でもこのことを意識して行えるよう、組織内外の区分を「太線」「二重線」等で明確に示しておきます。

②　作図記号テンプレートシートの準備

　EXCEL等のOfficeソフトは作図機能も充実しており、システムフローチャートで用いる「流れ図」記号や基本図形はほぼ網羅されています。しかし、「産能大式フローチャート」で用いられている記号類については必ずしもその限りではありません。全ての記号を整備する必要はありませんが、特に重要となる「承認」記号等については準備しておきたいものです。そのほか、用途に応じてデジタル機器等も含め、Officeソフトに標準で用意されていない記号類をひとまとめにしておくと便利です。

　手書きベースの作図が主であった時代に「テンプレート定規」が活用されたように、使用頻度の高い記号類をまとめた「作図記号テンプレート」のシートを作成し、配布用の標準ワークシートに入れておくと組織全体での「業務フローチャート」の品質と整備速度の向上が期待できます。作図記号テンプレートの例を以下に記します。

※この作業記号はダウンロードができます。P208を参照。

2 新たな作業記号の作成、または簡素化の対応

業務手続の内容によっては、標準ワークシートに準備されている作図記号テンプレート部品だけでは対応できない手続きが発生する場合があります。その場合は、以下のように対応します。

① 新たな作業記号の作成

標準図形を重ね合わせ、「グループ化」を行うことで新たな作業記号を作成することが可能となります。重ね合わせる図形に「テキストボックス」を選択することにより、文字も含めた記号の作成も可能となります。

参考までに、最も重要な記号の一つである「承認」記号を、この方法で作成する手順を記します。

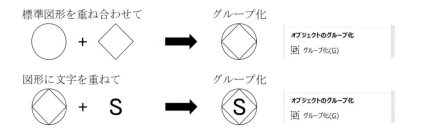

② 作業記号の簡素化

　資産項目や重要情報の取り扱いがない、組織外への移動を伴わない、誤謬や情報欠落のリスクがない等の特に「可視化」で明示する必要のない作業手順や情報処理については、汎用記号である「○（作業）」「□（処理）」を用いた簡素化が可能です。標準記号内に略称等を記入、もしくは記号近辺に作業内容を付記する記述で問題ありません。

　本運用は、標準記号に用意されていない作業（処理）のみでなく、標準記号として用意されている作業（処理）を対象としても構いません。「可視化」の主目的は全ての業務を記号化して記すことではなく、業務手続における課題や改善点を抽出することにあります。目的に合わせて最適な運用が求められます。参考までに、標準記号にも準備されている「スキャン」を簡素化して記述する例を示します。頭文字表記よりも、運用現場での一般呼称で記すほうが最適と判断された場合の運用例となります。

　ただし、審査・監査業務で特に重視されている「承認」「保存」「転記」「照合」等の作業記号は、記述が面倒であっても「可視化」の目的から省略することは望ましくありません。

省略が望ましくない作業記号

| 承認 | 保存 | 転記 | 照合 |

3 新たな情報機器・システムの記述

作業記号と同様に、情報機器・システムについても作図用テンプレート部品シートを準備しておくと効果的です。以下に参考例を示します。

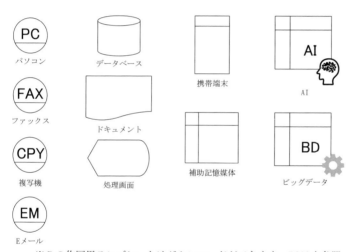

※この作図用テンプレートはダウンロードができます。P208を参照。

テンプレート部品にない記号、または「デジタルトランスフォーメーション（DX）」推進目的等により機器やシステムを特に強調して記述する場合の対処法について以下に記します。

① 機器の縮小写真を記号として用いる、または著作権フリー素材を活用する

　Officeソフト等の標準作図記号に用意されていない情報機器には、スマートフォンやタブレットのような最新デジタル機器だけでなく、バーコードリーダーやハンディターミナル、POSレジ等の既に長期間にわたり使用されている情報機器も含まれます。業務手続においては欠かせない機器であり、パートやアルバイトの方が使用する機器であっても「受注」「売上」等の重要な情報を「人間系」と「情報機器」でやり取りするインターフェイスとなります。逆に、業務や機器に習熟しているとは限らないパートやアルバイトの方が使用するからこそ、内部統制面での重点チェック項目ともなり得ます。これらの機器については、基本図形で簡素化して記述するのは不適切であり、「可視化」の本来目的からも一目見て機器を識別できる必要があります。

　これらの機器はゼロから作図するには複雑な形状をしており、作図しても必ずしも認識性に優れた記号になるとは限りません。そのため、機器カタログに掲載されている写真の縮小写真を図形記号として用いている例もあります。Officeソフト上に一度「図形」部品として取り込むと、フローチャート記号としての運用は当然として、後述のハイパーリンク処理も可能となります。機器写真の著作権を保持している機器メーカーが業務改善や改革の提案を行う際のフローチャートで採用されている方法でもあります。

　縮小写真の使用に当たり著作権等の問題がある場合は、インターネット上で公開されている「著作権フリー素材」を利用する方法もあります。様々な機種の様々な型式の画像が公開されているので、実機の形状に近い画像を選択し、必要に応じて機種名や型式等の情報を付記して運用します。「著作権フリー素材」と謳ってあっても、利用規約に条件記載されている場合もあるので、事前確認はしっかり行う必要があります。

② 新たにイメージを作図、または標準図形にイメージ図を合成する

　「デジタルトランスフォーメーション（DX）」用途で特に重視されている「AI」「ビッグデータ」「クラウド」等については、業務フローチャート上でも改革の

ポイントとして強調表示を行うことが多くなっています。民間企業で作成・運用する業務フローチャートだけではなく、省庁が主導で行っている先進プロジェクトの構想図・計画図においても「AI」「ビッグデータ」「クラウド」等の最新デジタル技術が記号化されて記載されることが多くなっています。

　これらの機器・システムを業務フローチャート上に記載する場合は、省庁と同様に新たにイメージ図を作図する方法が効果的です。「AI」「ビッグデータ」「クラウド」等については、機器・システムというより概念として用いられることが先行しているため、機器の詳細図で示すのではなく、「脳」「機構」「雲」等の概念をイメージしやすい記号が多用されています。そのため、形状の精度を問わないわかりやすい記号であることが優先されるので、新たに作図するよりも「著作権フリー素材」を活用するほうが効果的と思われます。

　また、レガシーシステムの更新や業務改善・改革目的の場合、同カテゴリ（補助記憶装置等）を意識して作図することが効果的なので、カテゴリ共通記号で記述したものにイメージ図を合成した記号を用いる場合もあります。参考までに、「AI」の記述例について以下に紹介します。

　AI（人口知能）の記号例

イメージ図　　　　　　　　　　標準記号にイメージ図を合成

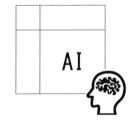

4 ハイパーリンクの活用

　Excel・Word・PowerPoint等のOfficeソフトで使用する図形記号に共通して適用できる利便性の高い機能が「ハイパーリンク」です。Officeソフトのバー

ジョンによっては「リンク」と称されている場合もあります。

　この機能は、図形部品にリンク先となるファイル名を関連付けることで、現在利用しているファイルから関連先のファイルをワンクリックで呼び出せる機能です。全ての図形に適用できる機能であるため、テキストボックスにリンクをかけることにより、作業名やマニュアル名および注記文章から参照先ファイルをリンク表示させることも可能です。

ハイパーリンク

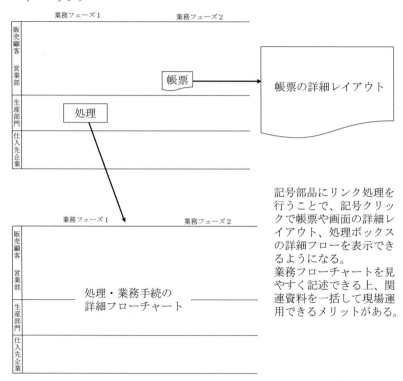

記号部品にリンク処理を行うことで、記号クリックで帳票や画面の詳細レイアウト、処理ボックスの詳細フローを表示できるようになる。
業務フローチャートを見やすく記述できる上、関連資料を一括して現場運用できるメリットがある。

【参考】ハイパーリンク（リンク）のかけ方

① リンクをかけたい記号を右クリックし、「リンク」を選択する。

② 関連付けたいファイル名を選択する。

関連付けられるのは同じ機器内に保存されているファイルだけでなく、社内ネットワーク上の共有フォルダや、インターネット上の WEB サイトも可。社内システムのレイアウトを一元管理したり、外部サービスの最新情報を表示させるメンテナンスフリーの運用が可能となる。

Ⅳ 本書の「業務フローチャート」 サンプルのダウンロード利用

　本書の第4章・第5章に掲載された「業務フローチャート」は、EXCELデータとしてダウンロードすることが可能です。同じく、本章で紹介した「記号テンプレートシート」もダウンロード可能です。

　初めて「業務フローチャート」を作成する際の参考としてご活用ください。

　以下のURLにアクセスし、指示に従ってダウンロードしてください。

　ダウンロードサイト：https://www.sannopub.co.jp/B.flowchart/

　※産業能率大学出版部のホームページの本書の照会ページからも上記URLにアクセスできます。

お わ り に

　本書をお読みいただいた方には、「業務フローチャート」の本質である「網羅性」「正確性」がご理解いただけたことと思います。RPAは個人や部署内で完結した業務には適していると思われますが、外部への資産項目移動や責任者の決裁が必要な業務全般を自動化するのは現実的ではありません。BPMN等のシステムフローチャートも素晴らしい専門技術ではありますが、それだけでは業務手続すべてを網羅的に記述することは困難です。専門知識を持たない一般の方や社外の方にも理解いただく意味でも、システムフローチャートと共存させる形で「産能大式フローチャート」を活用いただければと思います。

　本書でも繰り返し述べたように、「産能大式フローチャート」は厳格な規則ではなく方法論となります。2章・7章を中心に述べたポイントに着目いただければ、システムフローチャートで作成された成果物に、「産能大式フローチャート」の重要記号で手続きを補完記述いただくだけでも、不備のない業務設計に繋がることかと思います。

　デジタル化が進む中でも、生命・財産に関わる意思決定やチェックは人間が継続して行うこととなります。この前提から、「業務フローチャート」も「デジタル化に適したもの」と「人間系業務の記述に適したもの」が共存していくものと思われます。専門技術者の方は前者のスキルのみで可かと思いますが、評価者や経営者の方は業務全般を網羅的に俯瞰する意味でも後者の重要性が高くなるかと思います。トップが多くの時間をかけて詳細手続きまで事細かにチェックすることは現実的ではないので、おそらく閉じた業務やデジタル化に適した業務はボックス化され、それを結合する意思決定や評価のプロセスを「産能大式フローチャート」の記号を用いて記述したフローチャートが主流になっていくものと思われます。監査の現場ではそのような記述を行うことが多くなっていますが、監査は公認会計士や監査法人のような外部専門家だけでなく、企業や自治体の内部監査部門による自己点検や、経営者自らのチェックも含まれることとなります。

　大がかりな業務整備やシステム投資を行った筈なのに、「業務フローチャー

ト」の本質が軽視され、「効率化」「自動化」に偏ったアプローチのため、不備のある業務設計に起因する問題を解決できないまま20年の歳月を経過してしまいました。その責任追及という後ろ向きな理由ではなく、「New Normal(新たな生活様式)」「新基準による再上場」「法整備に対応した内部統制強化」「デジタルトランスフォーメーション（DX）」等の前向きな理由により、一斉に業務設計をやり直すチャンスが到来したのが2020年代という見方もできるかと思います。ここで手戻りのない業務設計を行う一助として、是非本書を活用いただきたく思います。デジタル化の恩恵は、「劣化なく」「無制限に」「複製可能」なことであり、この特性を活かすことでビジネススピードを飛躍的に高められることとなります。ここで手戻りが発生すると、ブレーキとなりスピード競争で優位に立てなくなります。「急がば回れ」ではありませんが、最大限の恩恵を享受するためにも、「業務フローチャート」は本質を押さえて作成いただきたく思います。

テレワークの浸透により、業務マニュアルの電子化が必須な時代になると思われます。全ての組織が高度な専門システムを導入できるとは限らないので、オフィスソフト活用による電子化が主流になると思われます。この推進にも本書が参考となれば幸いです。「ハイパーリンク」と「共通テンプレート」の活用だけでも、大きく業務効率が上がると思われます。

最後に、これまで「産能大式フローチャート」を制定し育て上げてきた産業能率大学の諸先生方、実務で活用して様々なアドバイスを下さった関係者の皆様に心からの感謝を申し上げます。

小田　実

■ 著者紹介 ■

小田　実（おだ　みのる）

産業能率大学 情報マネジメント学部教授
　1964年3月生まれ。神戸大学工学部卒。
　株式会社小松製作所にて設計開発業務・情報システム業務を担当の後、外資系コンサルティング会社を経て、監査法人トーマツに入社。株式上場支援コンサルティング・内部統制監査・情報戦略コンサルティング等に従事。神奈川県のベンチャー支援施策や、関東経済産業局を中心としたコンテンツビジネス施策にも関与。日本で初めてのコンテンツビジネス専門書を監査法人トーマツのメンバーと執筆したことを機に、産業能率大学で兼任教員としてコンテンツビジネス科目を担当。現在は監査法人を退職し、現職。
　製造業や監査法人での経験を活かし、実務家教員として「経営分析」等の科目を担当、専門ゼミでは「デジタルトランスフォーメーション（DX）」を研究テーマの主軸に据えてゼミ生を指導している。同大学ではコンテンツビジネス研究所および地域創生・産学連携研究所メンバーとしても活動している。

ビジネスを可視化する業務フローチャートの書き方　〈検印廃止〉

著　者　　小田　実
発行者　　坂本　清隆
発行所　　産業能率大学出版部
　　　　　東京都世田谷区等々力6-39-15　〒158-8630
　　　　　（電話）03（6432）2536
　　　　　（FAX）03（6432）2537
　　　　　（URL）https://www.sannopub.co.jp/
　　　　　（振替口座）00100-2-112912

2020年11月16日　　初版1刷発行
2022年10月25日　　　2刷発行

印刷所・制本所　　日経印刷

（落丁・乱丁はお取り替えいたします）　　　　ISBN 978-4-382-05791-3
無断転載禁止